丛书主编 / 张 润

遇事找法

公民常见治安问题一站式法律指引

牛 祎 覃 剑 / 编著

中国法治出版社
CHINA LEGAL PUBLISHING HOUSE

出版说明

遇到法律纠纷怎么办？这是每个人在生活中必须面对的问题。在我国，人们的社会联系广泛，上下级、亲戚朋友、老战友、老同事、老同学关系比较融洽，逢事喜欢讲个熟门熟道，部分老百姓遇到纠纷往往会托关系找人而不是找法。事实上，“遇事找人不找法”，既不合法，也不靠谱。

法治宣传教育要求“加大普法力度，完善预防性法律制度，推动形成办事依法、遇事找法、解决问题用法、化解矛盾靠法的法治环境。”法治教育的重要目标在于引导群众遇事找法、解决问题靠法，改变人们“遇事找人不找法”的现象。

公正善良之法、有法可依是“遇事找法不找人”的前提和保证。卢梭曾说：一切法律中最重要的法律，既不是刻在大理石上，也不是刻在铜表上，而是刻在公民的心里。法律需要人们的信仰，需要让人们相信法不容情、法不阿贵，要让人们相信合理合法的诉求能够得到及时公正的实现。经过长期努力，中国特色社会主义法律体系已经形成，在社会生活各方面总体上实现了有法可依。

对于普通老百姓而言，在讨说法、打官司、谈条件之前，首先要知道自己遇到的事属于哪一类、法律是如何规定的。为了帮助遇事犯难的人们解决难题，引导人民群众办事依法、遇事找法、解决问题用法、化解矛盾靠法，我们以常见纠纷类型为依托，组织编写了本套遇事找法丛书。

本丛书以最贴近百姓生活的常见法律问题为目录，方便读者以最快捷的方式查找到自己最关心的问题。设置四大板块：遇事、说法、找法、举一反三。

【遇事】板块收录了各类纠纷的生活化小案例，方便读者对号入座，从案例中找到共鸣。

【说法】板块旨在用最简洁的话语告诉读者最可行的纠纷解决办法和最可能的纠纷处理结果。

【找法】板块附上了与“事”对应的相关法律法规、司法解释的规定，方便读者及时查阅。

【举一反三】板块旨在帮助读者通过一个问题类推出同类型纠纷的解决方法。

本丛书的宗旨：让您读得懂、传得开、用得上，遇事不慌不犯难，助您最便捷地解决法律纠纷。

目　录

一、扰乱公共秩序的行为

1.单方面“被分手”，可以去对方工作的公司闹事吗？ 003
2.在地铁上以怪异举止博取流量，违法吗？ 006
3.随意拦截小轿车会面临怎样的处罚？ 009
4.破坏选举会面临怎样的处罚？ 012
5.聚众扰乱单位秩序的行为如何处理？ 015
6.替人考试赚外快，靠谱吗？ 018
7.看球时向球场扔矿泉水瓶违法吗？ 021
8.散布谣言会面临怎样的处罚？ 025
9.扬言放火会被处罚吗？ 028
10.在公共场所乱涂乱画会被处罚吗？ 031
11.拒不消除对无线电台造成的有害干扰将面临怎样的处罚？ 034
12.“黑客”行为违法吗？ 037
13.诱骗他人加入网络传销违法吗？ 040

二、妨害公共安全的行为

14.非法处置危险物品会面临怎样的处罚？ 045

15.烟花厂火药被盗了怎么办? 048
16.非法携带管制刀具怎么处理? 051
17.盗窃、损毁公共设施会面临怎样的处罚? 054
18.在飞机上能使用可能影响导航系统正常功能的电子设备吗? 057
19.抢夺公交车方向盘会面临怎样的处罚? 060
20.小学生贪玩，在铁路线路上放置障碍物，该怎么处理? 063
21.偷井盖会面临怎样的处罚? 066
22.放“孔明灯”违法吗? 069
23.高空抛物会面临怎样的处罚? 071
24.违规举办演唱会等大型活动会被处罚吗? 074
25.KTV等娱乐场所在安全出口设置栅栏，阻碍出行怎么办? 077
26.在人员密集区飞行“无人机”违法吗? 080

三、侵犯人身权利、财产权利的行为

27.被强迫劳动了怎么办? 085
28.超市工作人员可以对顾客搜身吗? 088
29.组织未成年人在KTV有偿陪侍会面临怎样的处罚? 091
30.胁迫、诈骗、利用他人乞讨会面临怎样的处罚? 093
31.侮辱他人会面临怎样的处罚? 096
32.被捏造事实诽谤了怎么办? 099
33.被诬告了怎么办? 102
34.目击证人被打击报复了怎么办? 105
35.跟踪、滋扰他人将面临怎样的处罚? 108
36.随意传播他人隐私违法吗? 110
37.别人打我我还手了，是互殴还是正当防卫? 112
38.猥亵他人会面临怎样的处罚? 114
39.保姆虐待老人会面临怎样的处罚? 117

40. 被人强迫接受服务了怎么办？ 119
41. 非法倒卖个人信息会面临怎样的处罚？ 122
42. 父母可以私自开拆孩子的邮件吗？ 124
43. 盗窃他人的电动自行车会面临怎样的处罚？ 127
44. 被诈骗了怎么办？ 129
45. 哄抢行为会被处罚吗？ 132
46. 抢夺行为会面临怎样的处罚？ 134
47. 被敲诈勒索了怎么办？ 137
48. 故意损坏别人的东西，会被行政处罚吗？ 140
49. 遭遇同学欺凌怎么办？ 142

四、妨害社会管理的行为

50. 阻碍国家机关工作人员执行公务会面临怎样的处罚？ 149
51. 阻碍消防车通行会面临怎样的处罚？ 152
52. 冒充现役军人招摇撞骗会面临怎样的处罚？ 155
53. 倒卖车票会面临怎样的处罚？ 158
54. 船舶可以开进禁入水域吗？ 161
55. 用已注销的社会组织的名义活动违法吗？ 163
56. 未获公安许可擅自经营会面临怎样的处罚？ 166
57. 酒店不实名登记旅客信息会怎么样？ 169
58. 出租房屋需要查验对方的身份信息吗？ 172
59. 出租人明知租客是犯罪嫌疑人不报，会面临怎样的处罚？ 175
60. 邻居噪声扰民怎么办？ 178
61. 回收报废机动车不按规定登记违法吗？ 181
62. 非法安装“针孔摄像机”会面临怎样的处罚？ 184
63. 对违法典当行为会面临怎样的处罚？ 186
64. 可以将行政执法机构依法查封的财物偷偷变卖吗？ 189

65. 伪造证据会面临怎样的处罚？ 192
66. 醉酒开车出了事，找朋友顶包，会面临怎样的处罚？ 195
67. 销售赃物会面临怎样的处罚？ 198
68. 拒不执行公安机关出具的告诫书会面临怎样的处罚？ 201
69. 在名胜古迹上刻划会被处罚吗？ 203
70. 偷开他人机动车违法吗？ 207
71. 违法在公共场所停放尸体会面临怎样的处罚？ 209
72. 卖淫、嫖娼会面临怎样的处罚？ 211
73. 传播淫秽图片违法吗？ 213
74. 组织淫秽表演会面临怎样的处罚？ 216
75. 为赌博提供条件会面临怎样的处罚？ 219
76. 亲友间一起打麻将算赌博吗？ 222
77. 偷偷种罂粟会有什么后果？ 224
78. 吸毒会面临怎样的处罚？ 226
79. 遛狗不牵绳违法吗？ 229

五、其他违反治安管理行为的处理

80. 治安调解的范围是什么？ 233
81. 未成年人违法会被处罚吗？ 236
82. “喝断片儿”后的违法行为怎么处理？ 239
83. 儿子马上要高考了，我可以申请暂缓执行行政拘留吗？ 242
84. 什么是正当防卫？ 245

一

扰乱公共秩序的行为

1 单方面“被分手”，可以去对方工作的公司闹事吗？

遇事

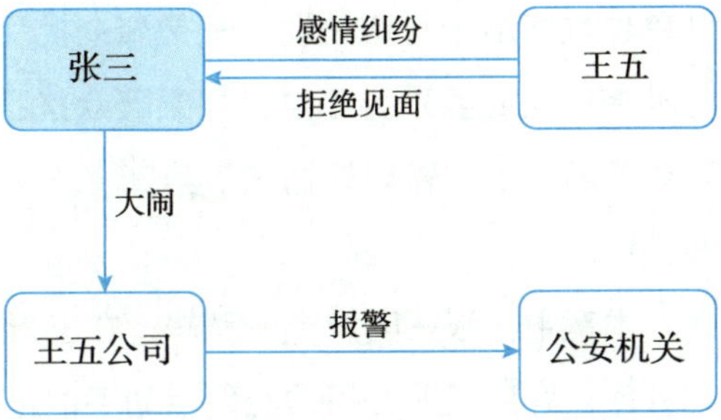

张三和王五原本是情侣关系，后王五因双方性格不合而要求分手，但张三不同意。2019年3月27日，张三来到王五公司，打电话要求王五到公司门口见面，王五再次拒绝。张三在王五公司门口大吵大闹，撕碎公司门口用来登记的本子，在保安来制止之后，仍未停止，且导致公司客户无法进入公司，公司员工无法正常工作，扰乱了公司的正常办公秩序。后王五公司工作人员报警。张三的行为将面临怎样的处罚呢？

说法

本案涉及的违法行为是扰乱单位秩序的行为。该行为的处罚规则在2025年《治安管理处罚法》[①]修订时有所变化，具体体现在罚则上，罚款的上限由200元修改为500元，情节较重的罚款的上限由500元修改为1000元。

扰乱单位秩序的行为是指采取扰乱机关、团体、企业、事业单位秩序的行为，导致工作、生产、营业、医疗、教学、科研不能正常进行，尚不够刑事处罚的行为。构成扰乱单位秩序行为的行为人，将面临警告或者500元以下罚款的行政处罚；如果行为情节较重，将面临5日以上10日以下拘留，可以并处1000元以下罚款的处罚。

① 为便于阅读，本书中相关法律文件名称中的“中华人民共和国”字样都予以省略。

本行为与《刑法》规定的聚众扰乱社会秩序罪有以下区别：一是行为主体不同。聚众扰乱社会秩序罪的行为主体是首要分子和积极参加者，即带头人和骨干分子，对于一般参加者，一般不认为是犯罪，视其行为具体情节可以给予扰乱单位秩序的行政处罚。二是危害程度不同，聚众扰乱社会秩序罪要达到情节严重，造成严重后果的程度，对于尚未造成严重损失的，按照扰乱单位秩序给予行政处罚。三是聚众扰乱社会秩序罪要求“聚众”，扰乱单位秩序则无此要求，不过，如果聚众扰乱单位秩序，尚未造成严重损失的，可以按照《治安管理处罚法》第26条第2款聚众扰乱单位秩序的行为给予行政处罚。

本案中，张三因为个人私怨，在王五公司门口大吵大闹，扰乱了王五公司秩序，导致王五公司的经营活动不能正常进行，其行为已经构成了扰乱单位秩序，公安机关最终依法给予其罚款500元的处罚。

找法

《中华人民共和国治安管理处罚法》

第二十六条 有下列行为之一的，处警告或者五百元以下罚款；情节较重的，处五日以上十日以下拘留，可以并处一千元以下罚款：

（一）扰乱机关、团体、企业、事业单位秩序，致使工作、生产、营业、医疗、教学、科研不能正常进行，尚未造成严重损失的；

（二）扰乱车站、港口、码头、机场、商场、公园、展览馆或者其他公共场所秩序的；

（三）扰乱公共汽车、电车、城市轨道交通车辆、火车、船舶、航空器或者其他公共交通工具上的秩序的；

（四）非法拦截或者强登、扒乘机动车、船舶、航空器以及其他交通工具，影响交通工具正常行驶的；

（五）破坏依法进行的选举秩序的。

聚众实施前款行为的，对首要分子处十日以上十五日以下拘留，可以并处二千元以下罚款。

举一反三

有人认为，我没有进入公司里面闹事，只是在公司门口吵闹、拉横幅，怎么能算扰乱了公司的秩序呢？事实上，大门作为公司的出入口，其秩序也是公司秩序的一部分。行为人在门口闹事，会导致公司员工无法正常出入公司，公司客户无法进入公司商谈生意，甚至可能会让原本有意向签订合同的客户担心公司存在信用风险，进而放弃合作，这些都属于影响了公司的正常秩序。行为人实施了扰乱公司秩序的行为，导致正常经营活动不能有序进行，就应承担行政处罚的风险。

② 在地铁上以怪异举止博取流量，违法吗？

遇事

2025年5月8日，张三为博取网络流量，在A市地铁2号线列车车厢内拍摄视频时，故意叫喊发出怪声、做出肢体扭曲等怪异夸张动作，引发乘客恐慌躲避，致3名乘客受伤（均无生命危险），列车运行一度延误。张三的行为违法吗？

说法

本案涉及的行为是扰乱公共交通工具上的秩序的行为。该行为的处罚规则在2025年《治安管理处罚法》修订时有所变化，主要体现在两个方面：一是强调了城市轨道交通车辆属于公共交通工具，具体包括地铁、轻轨、市域快轨、都市快轨、单轨、有轨电车等城市轨道交通车辆；二是修改了罚则，罚款的上限由200元修改为500元，情节较重的罚款的上限由500元修改为1000元。

如果扰乱上述公共交通工具上的秩序的行为中还存在下列情形，那么行为人就会面临更重的处罚：（1）在公共交通工具上无理取闹，严重影响公共交通工具运行秩序的；（2）在非停靠站点强行下车，或者拉扯驾驶员、乘务员，致使公共交通工具减速或者停行的；（3）造成交通拥堵、人员受伤、财物损失等危害后果或者较大社会影响的；（4）积极参与聚众扰乱公共交通工具上的秩序的；（5）积极参与聚众实施妨碍交通工具正常行驶行为的；（6）其他情节较重的情形。扰乱公共交通工具上的秩序的行为人，将面临警告或者500元以下罚款的处罚；如果行为人有上述较重情节的，将面临5日以上10日以下拘留，可以并处1000元以下罚款的处罚。

本案中，张三的行为扰乱了地铁上的秩序且对其他乘客造成了人身损害，属于扰乱公共交通工具上的秩序、情节严重的行为。公安机关可依法对其处以5日以上10日以下拘留，还可以并处1000元以下罚款的处罚。

找法

《中华人民共和国治安管理处罚法》

第二十六条 有下列行为之一的，处警告或者五百元以下罚款；情节较重的，处五日以上十日以下拘留，可以并处一千元以下罚款：

（一）扰乱机关、团体、企业、事业单位秩序，致使工作、生产、营业、医疗、教学、科研不能正常进行，尚未造成严重损失的；

（二）扰乱车站、港口、码头、机场、商场、公园、展览馆或者其他公共场所秩序的；

（三）扰乱公共汽车、电车、城市轨道交通车辆、火车、船舶、航空器或者其他公共交通工具上的秩序的；

（四）非法拦截或者强登、扒乘机动车、船舶、航空器以及其他交通工具，影响交通工具正常行驶的；

（五）破坏依法进行的选举秩序的。

聚众实施前款行为的，对首要分子处十日以上十五日以下拘留，可以并处二千元以下罚款。

举一反三

除了在公共交通工具上扰乱秩序是违法行为之外，妨碍交通工具正常行驶也是违法行为。在路上随意拦截小轿车，强登、扒乘机动车辆，这些行为也严重影响了公共秩序，也会受到法律的严惩。扰乱公共交通工具上的秩序行为和妨碍交通工具正常行驶行为的区别在于：妨碍交通工具正常行驶行为处罚的是扰乱交通工具行驶秩序的行为，也就是在交通工具之外影响行驶的行为；而扰乱公共交通工具上的秩序行为处罚的是扰乱公共交通工具上秩序的行为，即在交通工具内扰乱秩序的行为。

③ 随意拦截小轿车会面临怎样的处罚？

遇事

扫一扫，听案情

说法

本案涉及的违法行为是妨碍交通工具正常行驶的行为。本行为的对象不仅包括公共交通工具，也包括私人的交通工具，因而对私家轿车随意拦截的行为也属于妨碍交通工具正常行驶的行为。

如果在妨碍交通工具正常行驶的行为中还存在下列情形，那么行为人就会面临更重的处罚：（1）在公共交通工具上无理取闹，严重影响公共交通工具运行秩序的；（2）在非停靠站点强行下车，或者拉扯驾驶员、乘务员，致使公共交通工具减速或者停行的；（3）造成交通拥堵、人员受伤、财物损失等危害后果或者较大社会影响的；（4）积极参与聚众扰乱公共交通工具上的秩序的；（5）积极参与聚众实施妨碍交通工具正常行驶行为的；（6）其他情节较重的情形。构成妨碍交通工具正常行驶的行为人，将面临警告或者500元以下罚款的处罚；如果行为人有上述较重情节的，将面临5日以上10日以下拘留，可以并处1000元以下罚款的处罚。

本案中，张三已经妨碍了交通工具正常行驶，造成了交通秩序的混乱，并造成较大社会影响，属于妨碍交通工具正常行驶、情节较重的行为。公安机关可依法对其处以5日以上10日以下拘留，同时可以并处1000元以下罚款。

找法

《中华人民共和国治安管理处罚法》

第二十六条 有下列行为之一的，处警告或者五百元以下罚款；情节较重的，处五日以上十日以下拘留，可以并处一千元以下罚款：

（一）扰乱机关、团体、企业、事业单位秩序，致使工作、生产、营业、医疗、教学、科研不能正常进行，尚未造成严重损失的；

（二）扰乱车站、港口、码头、机场、商场、公园、展览馆或者其他公共场所秩序的；

（三）扰乱公共汽车、电车、城市轨道交通车辆、火车、船舶、航空器或者其他公共交通工具上的秩序的；

（四）非法拦截或者强登、扒乘机动车、船舶、航空器以及其他交通工具，影响交通工具正常行驶的；

（五）破坏依法进行的选举秩序的。

聚众实施前款行为的，对首要分子处十日以上十五日以下拘留，可以并处二千元以下罚款。

举一反三

看了这个问题，有人会想，既然妨碍交通工具正常行驶是违法的，那么我不妨碍交通工具行驶，在公交车上不听指挥，总不会受到处罚了吧？事实上，扰乱公共交通工具上的秩序，也会受到法律的严惩。

4 破坏选举会面临怎样的处罚？

遇事

2022年3月14日，张三因对自己选区的几名人大代表候选人均不满意，在选民填完选票、排队投票的时候，乘人不备抢走多张选票并撕毁，同时冲击破坏票箱，后被在场民警控制。张三会面临怎样的处罚？

说法

本案涉及的违法行为是破坏选举秩序的行为。该行为的处罚规则在2025年《治安管理处罚法》修订时有所变化，具体体现在罚则上，罚款的上限由200元修改为500元，情节较重的罚款的上限由500元修改为1000元。

破坏选举秩序的行为，是指在选举各级人民代表大会代表和国家机关领导人员以及其他依照法律规定进行的选举时，以威胁、欺骗、贿赂、伪造选举文件、虚报选举票数等手段扰乱或妨碍选举，破坏依法进行的选举秩序，尚不够刑事处罚的行为。值得一提的是，破坏选举秩序的行为中的选举秩序，不仅包括各级人民代表大会代表和国家机关领导人员的选举秩序，还包括居（村）民委员会的选举秩序。如果行为人破坏了居（村）民委员会选举秩序，也会构成破坏选举秩序行为，面临行政处罚。

如果破坏选举秩序的行为中存在以下情形，会面临更重的处罚：（1）使用暴力、威胁等方法干扰他人选举的；（2）采取撕毁他人选票、毁坏票箱或者破坏其他选举设备等行为干扰选举秩序的；（3）伪造选举文件的；（4）积极参与聚众破坏选举秩序的；（5）其他情节较重的情形。破坏选举秩序的行为人，将面临警告或者500元以下罚款的处罚；如果行为人有上述较重情节的，将面临5日以上10日以下拘留，可以并处1000元以下罚款的处罚。

选举权与被选举权是每一个18岁以上中国公民的宪法权利，是神圣不可侵犯的，任何人都不能破坏。本案中，张三出于个人私怨破坏了选举秩序，导致选举不能正常有序进行，且撕毁他人选票、破坏票箱的行为已经达到情节较重的标准，公安机关可依法对其处以5日以上10日以下拘留，可以并处1000元以下罚款的处罚。

找法

《中华人民共和国宪法》

第三十四条 中华人民共和国年满十八周岁的公民，不分民族、种族、性别、职业、家庭出身、宗教信仰、教育程度、财产状况、居住期限，都有选举权和被选举权；但是依照法律被剥夺政治权利的人除外。

《中华人民共和国治安管理处罚法》

第二十六条 有下列行为之一的，处警告或者五百元以下罚款；情节较重的，处五日以上十日以下拘留，可以并处一千元以下罚款：

（一）扰乱机关、团体、企业、事业单位秩序，致使工作、生产、营业、医疗、教学、科研不能正常进行，尚未造成严重损失的；

（二）扰乱车站、港口、码头、机场、商场、公园、展览馆或者其他公共场所秩序的；

（三）扰乱公共汽车、电车、城市轨道交通车辆、火车、船舶、航空器或者其他公共交通工具上的秩序的；

（四）非法拦截或者强登、扒乘机动车、船舶、航空器以及其他交通工具，影响交通工具正常行驶的；

（五）破坏依法进行的选举秩序的。

聚众实施前款行为的，对首要分子处十日以上十五日以下拘留，可以并处二千元以下罚款。

举一反三

针对有公职的国家机关工作人员破坏选举的行为，最高人民检察院在《关于渎职侵权犯罪案件立案标准的规定》中，设立了相应的立案标准。国家机关工作人员利用职权破坏选举，有下列情形之一的，应予立案：一是以暴力、威胁、欺骗、贿赂等手段，妨害选民、各级人民代表大会代表自由行使选举权和被选举权，致使选举无法正常进行，或者选举无效，或者选举结果不真实的；二是以暴力破坏选举场所或者选举设备，致使选举无法正常进行的；三是伪造选民证、选票等选举文件，虚报选举票数，产生不真实的选举结果或者强行宣布合法选举无效、非法选举有效的；四是聚众冲击选举场所或者故意扰乱选举场所秩序，使选举工作无法进行的；五是其他情节严重的情形。

5 聚众扰乱单位秩序的行为如何处理？

遇事

2022年4月，张三和李四受人邀约，组织同乡去A区某项目工地帮工，去之前约定按计件方式获取劳动报酬。两人组织相关人员到达施工工地后，以生活条件较差、要求调整工资计算方式等“理由”，多次与项目管理方发生纠纷。发生纠纷以来，两人组织煽动工人围堵工地大门，干扰施工秩序，致使建筑材料不能进入施工场地，运输车辆被迫长时间滞留。张三和李四会面临怎样的处罚呢？

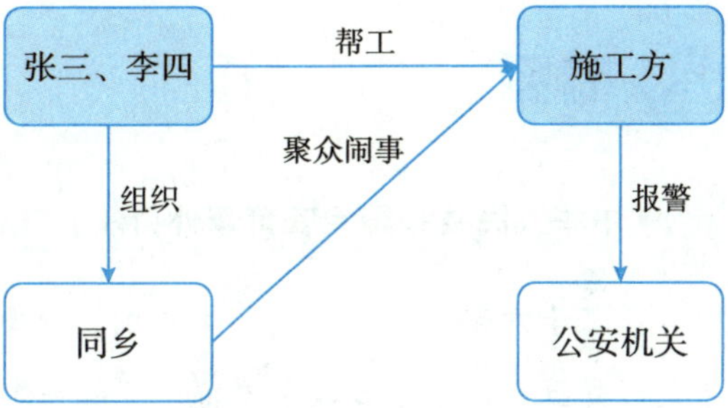

说法

本案涉及的违法行为是聚众扰乱单位秩序的行为。该行为的处罚规则在2025年《治安管理处罚法》修订时有所变化，具体体现在罚则上，罚款的上限由1000元修改为2000元。

聚众扰乱单位秩序的行为是指组织多人扰乱机关、团体、企业、事业单位秩序，导致工作、生产、营业、医疗、教学、科研不能正常进行，尚不够刑事处罚的行为。聚众扰乱单位秩序行为的首要分子，将面临10日以上15日以下拘留，可以并处2000元以下罚款的处罚。

《刑法》中也规定了聚众扰乱社会秩序罪，本行为与《刑法》规定的聚众扰乱社会秩序罪的主要区别在于后果不同。对于聚众扰乱机关、团体、企业、事业单位秩序，导致工作、生产、营业、医疗、教学、科研不能正常进行，造成严重后果的，应给予其刑事处罚。

本案中，张三、李四因不满施工条件，煽动工友多次围堵工地大门、干扰施工秩序的行为，构成了聚众扰乱单位秩序行为。最终，违法行为人张三、李四等首要分子被依法处以拘留11日的处罚，赵六等6名参与者被依法处以拘留5日的处罚。

找法

《中华人民共和国治安管理处罚法》

第二十六条 有下列行为之一的，处警告或者五百元以下罚款；情节较重的，处五日以上十日以下拘留，可以并处一千元以下罚款：

（一）扰乱机关、团体、企业、事业单位秩序，致使工作、生产、营业、医疗、教学、科研不能正常进行，尚未造成严重损失的；

（二）扰乱车站、港口、码头、机场、商场、公园、展览馆或者其他公共场所秩序的；

（三）扰乱公共汽车、电车、城市轨道交通车辆、火车、船舶、航空器或者其他公共交通工具上的秩序的；

（四）非法拦截或者强登、扒乘机动车、船舶、航空器以及其他交通工具，影响交通工具正常行驶的；

（五）破坏依法进行的选举秩序的。

聚众实施前款行为的，对首要分子处十日以上十五日以下拘留，可以并处二千元以下罚款。

《中华人民共和国刑法》

第二百九十条 聚众扰乱社会秩序，情节严重，致使工作、生产、营业和教学、科研、医疗无法进行，造成严重损失的，对首要分子，处三年以上七年以下有期徒刑；对其他积极参加的，处三年以下有期徒刑、拘役、管制或者剥夺政治权利。

聚众冲击国家机关，致使国家机关工作无法进行，造成严重损失的，对首要分子，处五年以上十年以下有期徒刑；对其他积极参加的，处五年以下有期徒刑、拘役、管制或者剥夺政治权利。

多次扰乱国家机关工作秩序，经行政处罚后仍不改正，造成严重后果的，处三年以下有期徒刑、拘役或者管制。

多次组织、资助他人非法聚集，扰乱社会秩序，情节严重的，依照前款的规定处罚。

举一反三

每个人都要为自己的行为负责，不能以为有多人壮胆，就可以“法不责众”，逃避法律的惩罚。当然，每个人都会遇到一些不如意的情况，如劳动合同约定条件与实际不符，这时候不要冲动地使用违法行为维权，应当先理性平和地与对方沟通，确认双方对合同约定条件的理解是否一致，是否可以改善工作条件。如果对方拒绝沟通或拒不对降低合同约定标准的行为作出解释，这时就应拿起法律武器，维护自身的合法权益。过激行为只会激化矛盾，还有可能导致自身被行政处罚，而理性沟通、诉诸法律才能最大程度地维护自身的合法权益。

6 替人考试赚外快，靠谱吗？

遇事

2025年3月，大学生张三在网上接了个“替考”单子，李四让张三代替自己参加护士执业资格考试，并给张三支付了500元报酬。张三同意后，李四将自己的身份证寄给了张三。2025年4月26日，张三在通过考场安检时，因人证不符被抓获。张三的行为将面临怎样的处罚？李四会被处罚吗？

说法

本案涉及的违法行为是代替考试的行为。该行为属于扰乱考试秩序的行为的一种，其处罚规则是2025年《治安管理处罚法》修订时新增的内容。

代替考试，是指在法律、行政法规规定的国家考试中，代替他人或者让他人代替自己参加考试，尚不够刑事处罚的行为。代替考试行为的认定不要求参加考试的结果，只要行为人实施该行为即可。即替考人拿着被替考人的身份证件，以被替考人的身份参加考试，即使在过安检时被发现并抓获，代替考试行为也已经成立，替考人和被替考人均将面临处罚。代替考试的行为人，处违法所得1倍以上5倍以下罚款，没有违法所得或者违法所得不足1000元的，处1000元以上3000元以下罚款；情节较重的，将面临5日以上15日以下拘留的处罚。

《刑法》也规定了“代替考试罪”，本行为与《刑法》规定的代替考试罪的主要区别在于考试的范围不同。代替考试罪中的考试是“法律规定的国家考试”，而代替考试行为中的考试是“法律、行政法规规定的国家考试”。

本案中，张三以李四的身份代替李四参加护士执业资格考试，张三和李四都构成了代替考试行为，由于李四向张三支付了500元，违法所得不足1000元，公安机关最终对张三、李四分别作出罚款1000元的处罚。

找法

《中华人民共和国治安管理处罚法》

第二十七条 在法律、行政法规规定的国家考试中，有下列行为之一，扰乱考试秩序的，处违法所得一倍以上五倍以下罚款，没有违法所得或者违法所得不足一千元的，处一千元以上三千元以下罚款；情节较重的，处五日以上十五日以下拘留：

（一）组织作弊的；

（二）为他人组织作弊提供作弊器材或者其他帮助的；

（三）为实施考试作弊行为，向他人非法出售、提供考试试题、答案的；

（四）代替他人或者让他人代替自己参加考试的。

《中华人民共和国刑法》

第二百八十四条之一第四款 代替他人或者让他人代替自己参加第一款规定的考试的，处拘役或者管制，并处或者单处罚金。

举一反三

法律规定的考试以及行政法规规定的考试具体是指什么呢？这里的“法律”指的是全国人民代表大会及其常务委员会颁布的法律，国务院颁布的则属于“行政法规”。

根据有关法律规定，下列考试属于“法律规定的国家考试”：（1）普通高等学校招生考试、研究生招生考试、高等教育自学考试、成人高等学校招生考试等国家教育考试；（2）中央和地方公务员录用考试；（3）国家统一法律职业资格考试、国家教师资格考试、注册会计师全国统一考试、会计专业技术资格考试、资产评估师资格考试、医师资格考试、执业药师职业资格考试、注册建筑师考试、建造师执业资格考试等专业技术资格考试；（4）其他依照法律由中央或者地方主管部门以及行业组织的国家考试。前述考试涉及的特殊类型招生、特殊技能测试、面试等考试，也属于“法律规定的国家考试”。比如，“公务员录用考试”是由《公务员法》规定的考试，属于法律规定的国家考试，“护士执业资格考试”是《护士条例》规定的考试，属于行政法规规定的国家考试。

7 看球时向球场扔矿泉水瓶违法吗?

遇事

扫一扫，听案情

说法

本案涉及的违法行为是扰乱体育、文化等大型群众性活动秩序的行为。该行为的处罚规则在2025年《治安管理处罚法》修订时有所变化，主要体现在四个方面：一是增加了因扰乱文艺演出活动秩序被给予拘留处罚时，可以同时责令行为人在一定期限内禁止进入体育场馆、演出场馆观看同类比赛、演出的规定；二是修改了违法行为人禁止进入体育场馆、演出场馆观看同类比赛、演出的期限，从原来的12个月修改为6个月至1年以内；三是增加了行为人违反规定进入体育场馆、演出场馆的处罚，除强行带离现场之外，还可以处5日以下拘留或者1000元以下罚款；四是修改了扰乱体育、文化等大型群众性活动秩序行为的罚则，罚款的上限由200元修改为500元，情节严重的罚款的上限由500元修改为1000元。

本案中的向场内投掷矿泉水瓶，就属于向大型活动场内投掷杂物的行为，要是还存在以下情形的，会面临更重的处罚：（1）造成人员受伤、财物损失、秩序混乱等危害后果或者较大社会影响的；（2）引发运动员、观众及场内其他人员冲突的；（3）严重影响活动正常进行的；（4）其他情节严重的情形。

行为人扰乱体育、文化等大型群众性活动秩序，将面临警告或者500元以下罚款的处罚；如果有上述严重情节的，将面临5日以上10日以下拘留，可以并处1000元以下罚款的处罚。

本案中，张三采用投掷矿泉水瓶的方式发泄自己的情绪，且在工作人员制止后仍不停止，其行为已经构成扰乱体育、文化等大型群众性活动秩序行为，公安机关最终依法给予其罚款500元的处罚。

找法

《中华人民共和国治安管理处罚法》

第二十八条　有下列行为之一，扰乱体育、文化等大型群众性活动秩序的，处警告或者五百元以下罚款；情节严重的，处五日以上十日以下拘留，可以并处一千元以下罚款：

（一）强行进入场内的；

（二）违反规定，在场内燃放烟花爆竹或者其他物品的；

（三）展示侮辱性标语、条幅等物品的；

（四）围攻裁判员、运动员或者其他工作人员的；

（五）向场内投掷杂物，不听制止的；

（六）扰乱大型群众性活动秩序的其他行为。

因扰乱体育比赛、文艺演出活动秩序被处以拘留处罚的，可以同时责令其六个月至一年以内不得进入体育场馆、演出场馆观看同类比赛、演出；违反规定进入体育场馆、演出场馆的，强行带离现场，可以处五日以下拘留或者一千元以下罚款。

《大型群众性活动安全管理条例》

第九条 参加大型群众性活动的人员应当遵守下列规定：

（一）遵守法律、法规和社会公德，不得妨碍社会治安、影响社会秩序；

（二）遵守大型群众性活动场所治安、消防等管理制度，接受安全检查，不得携带爆炸性、易燃性、放射性、毒害性、腐蚀性等危险物质或者非法携带枪支、弹药、管制器具；

（三）服从安全管理，不得展示侮辱性标语、条幅等物品，不得围攻裁判员、运动员或者其他工作人员，不得投掷杂物。

第二十三条 参加大型群众性活动的人员有违反本条例第九条规定行为的，由公安机关给予批评教育；有危害社会治安秩序、威胁公共安全行为的，公安机关可以将其强行带离现场，依法给予治安管理处罚；构成犯罪的，依法追究刑事责任。

举一反三

在参与体育、文化等大型群众性活动时，周围热烈的氛围容易让人上头，在情绪的支配下做出过激行为。但是过激行为一旦出现，不仅会影响其他观众的观看体验，还会影响表演者、运动员的现场表现，甚至让自己面临行政处罚的风险。大家在享受球赛、音乐节等活动的热烈氛围时，要保持必要的理性，避免一时冲动给自己和他人带来麻烦。

⑧ 散布谣言会面临怎样的处罚？

遇事

2022年3月15日，A区公安分局接到报警称有人在微信上散布谣言。经查，张三在微信群散布A市83路、106路、381路等多条公交线路暂时停运的虚假信息。该虚假信息经网络扩散后，对A市公共秩序造成影响。张三的行为会面临怎样的处罚？

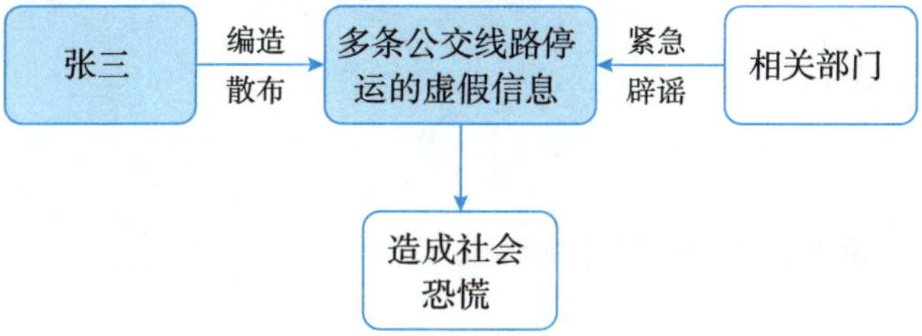

说法

本案涉及的违法行为是虚构事实扰乱公共秩序的行为。该行为的处罚规则在2025年《治安管理处罚法》修订时有所变化，具体体现在罚则上，罚款的上限由500元修改为1000元。

虚构事实扰乱公共秩序的行为是指故意散布谣言，谎报险情、疫情、灾情、警情或者以其他方法故意扰乱公共秩序，尚不够刑事处罚的行为。虚构事实扰乱公共秩序的行为的认定需要注意两个方面。一是事实的认定。本行为中的事实是行为人虚构的事实，或者明知是他人虚构的事实，如果行为人以为是真实的信息而加以传播的，即使对社会秩序造成了一定的危害，也不构成虚构事实扰乱公共秩序行为。二是扰乱公共秩序的认定。虚构的事实需要对社会造成一定的危害，如果未造成扰乱公共秩序的后果，也不构成本行为。

当然，如果谣言造成的影响比较小，那么处罚也会相对较轻。实践中，有下列情形之一的，属于“情节较轻”：（1）影响范围较小，未造成危害后果的；（2）虽然造成轻微危害后果，但能及时采取措施，消除不良影响的；（3）其他情节较轻的情形。

实施虚构事实扰乱公共秩序行为的行为人，将面临5日以上10日以下拘留，可以并处1000元以下罚款的处罚；达到上述情节较轻标准的，则应处5日以下拘留或者1000元以下罚款的处罚。

本案中，张三编造A市公交运营线路暂时停运的虚假信息，扰乱了公共秩序，被公安机关给予拘留5日的处罚。

找法

《中华人民共和国治安管理处罚法》

第二十九条 有下列行为之一的，处五日以上十日以下拘留，可以并处一千元以下罚款；情节较轻的，处五日以下拘留或者一千元以下罚款：

（一）故意散布谣言，谎报险情、疫情、灾情、警情或者以其他方法故意扰乱公共秩序的；

（二）投放虚假的爆炸性、毒害性、放射性、腐蚀性物质或者传染病病原体等危险物质扰乱公共秩序的；

（三）扬言实施放火、爆炸、投放危险物质等危害公共安全犯罪行为扰乱公共秩序的。

《中华人民共和国刑法》

第二百九十一条之一 投放虚假的爆炸性、毒害性、放射性、传染病病原体等物质，或者编造爆炸威胁、生化威胁、放射威胁等恐怖信息，或者明知是编造的恐怖信息而故意传播，严重扰乱社会秩序的，处五年以下有期徒刑、拘役或者管制；造成严重后果的，处五年以上有期徒刑。

编造虚假的险情、疫情、灾情、警情，在信息网络或者其他媒体上传播，或者明知是上述虚假信息，故意在信息网络或者其他媒体上传播，严重扰乱社会秩序的，处三年以下有期徒刑、拘役或者管制；造成严重后果的，处三年以上七年以下有期徒刑。

举一反三

有些人认为自己并没有编造恐怖信息，也没有谎报险情、疫情、灾情或者警情，自己只是为了顺应大家的心愿，说了一些无伤大雅的话而已，怎么能被认为是散布谣言呢。事实上，编造者最初的目的，并不会对谣言的传播与影响起决定性的作用，在编造者将谣言散布出去之后，谣言就不再受编造者控制了。谣言会让信以为真的受众心态发生变化，再加上不明真相的群众的再次传播，会对社会秩序产生不可估量的影响。因而，不论出于什么目的，都不能编造谣言，也不能传播谣言。毕竟，“不信谣，不传谣”才是智者当为之事。

9 扬言放火会被处罚吗？

遇事

2022年6月30日7时，阳光市某小区房屋中散发出浓烈的汽油味，一名男子在屋内手持打火机，情绪激动，扬言要放火，场面十分危急。所幸在民警的耐心劝说下，该男子开门走出房间，与民警沟通，未造成火灾事故。经了解，该男子因发生家庭纠纷，对妻子心存不满，欲以纵火形式进行报复。

说法

本案涉及的违法行为是扬言实施放火的行为。该行为的处罚规则在2025年修订《治安管理处罚法》时有所变化，具体体现在罚则上，罚款的上限由500元修改为1000元。

如果扬言放火的行为没造成什么危害的话，可以减轻处罚。在实践中，扬言实施放火的行为有下列情形之一的，属于“情节较轻”：（1）影响范围较小，未造成危害后果的；（2）虽然造成轻微危害后果，但能及时采取措施，消除不良影响的；（3）其他情节较轻的情形。

实施扬言放火行为的行为人，将面临5日以上10日以下拘留，可以并处1000元以下罚款的处罚；情节较轻的，将面临5日以下拘留或者1000元以下罚款的处罚。

本案中，该男子因家庭矛盾扬言放火烧房子的行为，构成扬言实施放火行为，该男子最终被处以拘留5日的处罚。

找法

《中华人民共和国治安管理处罚法》

第二十九条 有下列行为之一的，处五日以上十日以下拘留，可以并处一千元以下罚款；情节较轻的，处五日以下拘留或者一千元以下罚款：

（一）故意散布谣言，谎报险情、疫情、灾情、警情或者以其他方法故意扰乱公共秩序的；

（二）投放虚假的爆炸性、毒害性、放射性、腐蚀性物质或者传染病病原体等危险物质扰乱公共秩序的；

（三）扬言实施放火、爆炸、投放危险物质等危害公共安全犯罪行为扰乱公共秩序的。

《中华人民共和国消防法》

第四十四条 任何人发现火灾都应当立即报警。任何单位、个人都应当无偿为报警提供便利，不得阻拦报警。严禁谎报火警。

人员密集场所发生火灾，该场所的现场工作人员应当立即组织、引导在场人员疏散。

任何单位发生火灾，必须立即组织力量扑救。邻近单位应当给予支援。

消防队接到火警，必须立即赶赴火灾现场，救助遇险人员，排除险情，扑灭火灾。

举一反三

有些人认为，我只是随便说说要放火、爆炸，又不会真的实施，而且我要烧的是自己的房子，我对自己的房子有处置的权利，法律处罚我就是小题大做。事实上，由于放火、爆炸的危害过大，一旦被实施，后果不堪设想，对于此类信息，政府部门都会慎重对待，动用大量社会资源进行处理，而社会大众也会抱着“宁可信其有”的心态来应对，因而此类信息极易造成社会恐慌。为了避免部分不负责任的人用扬言放火、爆炸来开玩笑，同时发挥法律特殊预防和一般预防的效果，故法律明确规定此类行为是违法行为，并规定了相应的处罚措施。

⑩ 在公共场所乱涂乱画会被处罚吗？

遇事

2021年7月28日晚上11点，张三来到阳光大厦28层，在阳光公司门头上用喷枪乱涂乱画，书写反社会标语。该公司员工李四深夜加完班出公司门时发现正在作案的张三，张三逃跑，后被李四抓到，扭送至派出所。经查，张三因生活烦闷而产生了报复社会的想法，之前曾两次趁夜晚在阳光大厦28层用喷枪乱涂乱画。其使用的颜料难以清洗，被涂画部分只能重新装修。张三会面临怎样的处罚？

说法

本案涉及的违法行为是寻衅滋事的行为。该行为的处罚规则 在2025年《治安管理处罚法》修订时中有所变化，主要体现在以下三个方面：一是明确了随意殴打他人属于寻衅滋事行为；二是明确了寻衅滋事行为的客观方面是无故侵扰他人、扰乱社会秩序的行为；三是修改了寻衅滋事行为的罚则，罚款的上限由500元修改为1000元，情节较重的罚款的上限由1000元修改为2000元。

寻衅滋事是指结伙斗殴，随意殴打他人，追逐、拦截他人，强拿硬要或者任意损毁、占用公私财物等扰乱公共秩序，尚不够刑事处罚的行为。寻衅滋事是较恶劣的行政违法行为，行为人无事生非，无端给社会中的其他人造成困扰，因而对其的处罚也比较重。如果行为人在寻衅滋事的同时，存在下列情形的，法律会给予其更重的处罚：（1）纠集多人或者多次参加寻衅滋事的；（2）持械寻衅滋事的；（3）造成人员受伤、公共场所秩序混乱，或者造成较大社会影响的；（4）追逐、拦截他人并有侮辱性语言、挑逗性动作或者以暴力相威胁的；（5）驾驶机动车、非机动车、其他交通工具，或者持械追逐、拦截他人的；（6）强拿硬要或者任意损毁、占用公私财物价值较高的；（7）在公共场所、公共交通工具上实施寻衅滋事行为，造成较大社会影响的；（8）利用信息网络教唆、煽动实施扰乱公共秩序违法活动的；（9）编造虚假信息，或者明知是编造的虚假信息，在信息网络上散布，或者组织、指使人员在信息网络上散布，起哄闹事的；（10）一次实施两种以上寻衅滋事行为的；（11）其他情节较重的情形。

寻衅滋事的行为人，将被处以5日以上10日以下拘留，可以并处1000元以下罚款；如果满足上述较重情节的，将被处以10日以上15日以下拘留，可以并处2000元以下罚款。

本案中，张三因私事产生报复社会的想法，多次在阳光大厦28层乱涂乱画，该行为已经涉嫌寻衅滋事。但由于张三乱涂乱画的时间均在深夜，并未造成公共场所的混乱，因而未构成寻衅滋事罪。最终，张三因寻衅滋事行为被处以拘留10日的处罚。

找法

《中华人民共和国治安管理处罚法》

第三十条 有下列行为之一的，处五日以上十日以下拘留或者一千元以下罚款；情节较重的，处十日以上十五日以下拘留，可以并处二千元以下罚款：

（一）结伙斗殴或者随意殴打他人的；

（二）追逐、拦截他人的；

（三）强拿硬要或者任意损毁、占用公私财物的；

（四）其他无故侵扰他人、扰乱社会秩序的寻衅滋事行为。

《中华人民共和国刑法》

第二百九十三条 有下列寻衅滋事行为之一，破坏社会秩序的，处五年以下有期徒刑、拘役或者管制：

（一）随意殴打他人，情节恶劣的；

（二）追逐、拦截、辱骂、恐吓他人，情节恶劣的；

（三）强拿硬要或者任意损毁、占用公私财物，情节严重的；

（四）在公共场所起哄闹事，造成公共场所秩序严重混乱的。

纠集他人多次实施前款行为，严重破坏社会秩序的，处五年以上十年以下有期徒刑，可以并处罚金。

举一反三

《刑法》中规定了寻衅滋事罪。寻衅滋事行为与寻衅滋事罪的区别主要在于情节是否严重。寻衅滋事，破坏社会秩序，涉嫌下列情形之一的，应予立案追诉：（1）随意殴打他人造成他人身体伤害、持械随意殴打他人或者具有其他恶劣情节的；（2）追逐、拦截、辱骂他人，严重影响他人正常工作、生产、生活，或者造成他人精神失常、自杀或者具有其他恶劣情节的；（3）强拿硬要或者任意损毁、占用公私财物价值2000元以上，强拿硬要或者任意损毁、占用公私财物3次以上或者具有其他严重情节的；（4）在公共场所起哄闹事，造成公共场所秩序严重混乱的。

11 拒不消除对无线电台造成的有害干扰将面临怎样的处罚？

遇事

2025年2月，A市广播电台所开办的音乐频道通信频率经常受到干扰，不能正常发出信号，影响了节目的播放。电台向该市无线电管理处投诉，无线电管理处经过调查，发现在电台附近有一个塑料加工厂，其使用的塑料焊接机用高频产生热能，辐射出宽带信号，对电台造成干扰。无线电管理处要求加工厂采取措施消除影响，被加工厂拒绝，无线电管理处遂向公安局报警。塑料加工厂的行为会面临怎样的处罚？

说法

本案涉及的违法行为是拒不消除对无线电台（站）的有害干扰的行为。

如果因为拒不消除行为造成较大危害的，会面临更重的处罚：（1）造成较重危害后果或者较大社会影响的；（2）对事关国家安全、公共安全、国计民生的无线电业务、无线电台（站）进行干扰的；（3）长时间故意干扰无线电业务正常进行，或者对正常运行的无线电台（站）产生有害干扰的；（4）违法所得较多的；（5）其他情节严重的情形。

实施拒不消除对无线电台（站）的有害干扰行为的行为人将面临5日以上10日以下拘留的处罚，如果有上述严重情节的，将面临10日以上15日以下拘留的处罚。

本案中，塑料加工厂使用的塑料焊接机对正常运行的无线电台产生了有害干扰，在无线电管理处指出后，拒不采取有效措施消除，构成了拒不消除对无线电台（站）的有害干扰的行为。公安机关可依法对塑料加工厂直接负责的主管人员处以拘留处罚。

找法

《中华人民共和国治安管理处罚法》

第十八条 单位违反治安管理的，对其直接负责的主管人员和其他直接责任人员依照本法的规定处罚。其他法律、行政法规对同一行为规定给予单位处罚的，依照其规定处罚。

第三十二条 违反国家规定，有下列行为之一的，处五日以上十日以下拘留；情节严重的，处十日以上十五日以下拘留：

（一）故意干扰无线电业务正常进行的；

（二）对正常运行的无线电台（站）产生有害干扰，经有关主管部门指出后，拒不采取有效措施消除的；

（三）未经批准设置无线电广播电台、通信基站等无线电台（站）的，或者非法使用、占用无线电频率，从事违法活动的。

《中华人民共和国刑法》

第二百八十八条第一款 违反国家规定，擅自设置、使用无线电台（站），或者擅自使用无线电频率，干扰无线电通讯秩序，情节严重的，处三年以下有期徒刑、拘役或者管制，并处或者单处罚金；情节特别严重的，处三年以上七年以下有期徒刑，并处罚金。

《中华人民共和国无线电管理条例》

第六条 任何单位或者个人不得擅自使用无线电频率，不得对依法开展的无线电业务造成有害干扰，不得利用无线电台（站）进行违法犯罪活动。

第七十三条 违反本条例规定，使用无线电发射设备、辐射无线电波的非无线电设备干扰无线电业务正常进行的，由无线电管理机构责令改正，拒不改正的，没收产生有害干扰的设备，并处5万元以上20万元以下的罚款，吊销无线电台执照；对船舶、航天器、航空器、铁路机车专用无线电导航、遇险救助和安全通信等涉及人身安全的无线电频率产生有害干扰的，并处20万元以上50万元以下的罚款。

举一反三

无线电是国家的重要资源，国家对无线电管理实行统一领导、统一规划、分工管理、分级负责的原则。为了保护国家的无线电频谱资源，禁止单位和个人对无线电台进行有害干扰。为保护国家对无线电通信的正常管理秩序，2025年《治安管理处罚法》修订时在第32条中增加了“未经批准设置无线电广播电台、通信基站等无线电台（站）的，或者非法使用、占用无线电频率，从事违法活动的”应受处罚的情形。

12 “黑客”行为违法吗？

遇事

张三在网上下载了李四上传的“黑客”程序，为了练手，张三“黑”进了阳光公司的网站，并在首页写上“张三到此一游”。公安机关根据“黑客”留下的身份信息确定了张三的身份，将张三抓获。根据张三的供述，公安机关抓获了李四。张三、李四会面临怎样的处罚呢？

说法

本案涉及的违法行为是非法侵入计算机信息系统的行为。

“黑客”的侵入行为属于非法侵入计算机信息系统行为，如果同时存在下列情形的，会面临更重的处罚：（1）造成被侵入系统单位的商业秘密、公民个人信息泄露、数据丢失等较大危害的；（2）侵入国家机关、涉密单位、防范恐怖袭击重点目标单位或者治安保卫重点单位的计算机信息系统，造成危害的；（3）其他情节较重的情形。实施危害计算机类违法行为的行为人将面临5日以下拘留的处罚，如果属于上述较重情节的，将面临5日以上15日以下拘留的处罚。

本案中，张三“黑”入阳光公司网站的行为构成了非法侵入计算机信息系统行为，李四的行为构成提供专门用于侵入、非法控制计算机信息系统的程序、工具行为，张三、李四最终分别被公安机关给予拘留处罚。

找法

《中华人民共和国治安管理处罚法》

第三十三条 有下列行为之一，造成危害的，处五日以下拘留；情节较重的，处五日以上十五日以下拘留：

（一）违反国家规定，侵入计算机信息系统或者采用其他技术手段，获取计算机信息系统中存储、处理或者传输的数据，或者对计算机信息系统实施非法控制的；

（二）违反国家规定，对计算机信息系统功能进行删除、修改、增加、干扰的；

（三）违反国家规定，对计算机信息系统中存储、处理、传输的数据和应用程序进行删除、修改、增加的；

（四）故意制作、传播计算机病毒等破坏性程序的；

（五）提供专门用于侵入、非法控制计算机信息系统的程序、工具，或者明知他人实施侵入、非法控制计算机信息系统的违法犯罪行为而为其提供程序、工具的。

《计算机信息网络国际联网安全保护管理办法》

第六条 任何单位和个人不得从事下列危害计算机信息网络安全的活动：

（一）未经允许，进入计算机信息网络或者使用计算机信息网络资源的；

（二）未经允许，对计算机信息网络功能进行删除、修改或者增加的；

（三）未经允许，对计算机信息网络中存储、处理或者传输的数据和应用程序进行删除、修改或者增加的；

（四）故意制作、传播计算机病毒等破坏性程序的；

（五）其他危害计算机信息网络安全的。

举一反三

随着互联网的高速发展，网络社会已经成为人们日常生活中不可或缺的一部分，人们在遵守现实生活规则的同时，也要在网络社会遵守法律。互联网不是法外之地，清朗的网络环境需要所有人共同努力。任何无端侵犯他人权利、危害社会秩序的行为，都会受到法律的惩处。

⑬ 诱骗他人加入网络传销违法吗？

遇事

阳光公司以“环境保护”为幌子，虚构旧衣回收投资项目，宣称购买自助回收机并委托公司经营可高额获利，以此吸引参与人员花费9800元购买会员并发展下线参与传销活动。张三在了解阳光公司的运作模式后，成为阳光公司在A市的代理，直接和间接发展会员18名。阳光公司的模式是传销吗？张三的行为违法吗？

说法

本案涉及的违法行为是组织、领导传销活动的行为。该行为的处罚规则是2025年《治安管理处罚法》修订时新增的内容。

传销是指以推销商品或提供服务等经营活动为名，要求参加者以缴纳费用或者购买商品、服务等方式获得加入资格，并按照一定顺序组成层级，直接或者间接以发展人员的数量作为计酬或者返利依据，实施引诱、胁迫参加者继续发展他人参加，骗取财物，扰乱经济社会秩序的行为。组织、领导传销活动行为的行为人将面临10日以上15日以下拘留的处罚，如果情节较轻的，将面临5日以上10日以下拘留的处罚。

本案中，阳光公司采取编造、歪曲国家政策，虚构、夸大经营、投资、服务项目及盈利前景，掩饰计酬、返利真实来源的方式骗取会员费，其行为属于传销活动。张三在明知阳光公司运营模式的情况下，担任其在A市的代理，发展下线，其行为已经构成组织、领导传销活动行为，但其发展的下线尚不足30人，不满足组织、领导传销活动罪的构成要件，因而应按构成组织、领导传销活动行为给予其拘留处罚。

找法

《中华人民共和国治安管理处罚法》

第三十四条 组织、领导传销活动的，处十日以上十五日以下拘留；情节较轻的，处五日以上十日以下拘留。

胁迫、诱骗他人参加传销活动的，处五日以上十日以下拘留；情节较重的，处十日以上十五日以下拘留。

《中华人民共和国刑法》

第二百二十四条之一 组织、领导以推销商品、提供服务等经营活动为名，要求参加者以缴纳费用或者购买商品、服务等方式获得加入资格，并按照一定顺序组成层级，直接或者间接以发展人员的数量作为计酬或者返利依据，引诱、胁迫参加者继续发展他人参加，骗取财物，扰乱经济社会秩序的传销活动的，处五年以下有期徒刑或者拘役，并处罚金；情节严重的，处五年以上有期徒刑，并处罚金。

《禁止传销条例》

第二条 本条例所称传销，是指组织者或者经营者发展人员，通过对被发展人员以其直接或者间接发展的人员数量或者销售业绩为依据计算和给付报酬，或者要求被发展人员以交纳一定费用为条件取得加入资格等方式牟取非法利益，扰乱经济秩序，影响社会稳定的行为。

第七条 下列行为，属于传销行为：

（一）组织者或者经营者通过发展人员，要求被发展人员发展其他人员加入，对发展的人员以其直接或者间接滚动发展的人员数量为依据计算和给付报酬（包括物质奖励和其他经济利益，下同），牟取非法利益的；

（二）组织者或者经营者通过发展人员，要求被发展人员交纳费用或者以认购商品等方式变相交纳费用，取得加入或者发展其他人员加入的资格，牟取非法利益的；

（三）组织者或者经营者通过发展人员，要求被发展人员发展其他人员加入，形成上下线关系，并以下线的销售业绩为依据计算和给付上线报酬，牟取非法利益的。

举一反三

为了打击传销行为的立体网络，2025年修订《治安管理处罚法》时，除新增“组织、领导传销活动”外，还新增了“胁迫、诱骗他人参加传销活动”行为的处罚规则，将虽然在传销组织中没有组织、领导地位，但是在了解传销组织的运作模式后，仍然积极通过诱骗甚至胁迫方式发展“会员”的行为人，也纳入治安管理的视线之中，精准切断传销的“拉人头”式的繁殖链条，营造清朗的市场环境。

二

妨害公共安全的行为

14 非法处置危险物品会面临怎样的处罚?

遇事

2022年3月，阳光黄金有限公司员工张三在为打钻工作做准备时，违反关于爆炸物处置的规定，导致雷管爆炸，并造成一定的损失。张三会面临怎样的处罚?

说法

本案涉及违法的行为是非法处置危险物品的行为。非法处置危险物品的行为是指违反国家规定，处置爆炸性、毒害性、放射性、腐蚀性物质或者传染病病原体等危险物质，尚不够刑事处罚的行为。

如果处置危险物品行为有下列情形的，可以减轻处罚:（1）违反国家规定，制造、买卖、储存、运输、携带危险物质数量较少或者未达到有关刑事立案追诉标准10%的;（2）违反国家规定，制造、买卖、储存、运输危险物质造成直接经济损失未达到有关刑事立案追诉标准10%的;（3）违反国家规定，处置危险物质数量未达到有关司法解释认定构成《刑法》第338条规定的“严重污染环境”标准10%的;（4）违反国家规定，处置危险物质违法所得或者致使公私财产损失未达到有关司法解释认定构成《刑法》第338条规定的“严重污染环境”标准10%的;（5）其他情节较轻的情形。实施非法处置危险物品行为的行为人将面临10日以上15日以下拘留的处罚；如果满足上述较轻情节条件的，则会被给予5日以上10日以下拘留的处罚。

本案中，张三违反法律规定及安全生产规章制度，非法处置爆炸物，其行为已经构成了非法处置危险物质行为，被公安机关给予拘留的处罚。

找法

《中华人民共和国治安管理处罚法》

第三十六条 违反国家规定，制造、买卖、储存、运输、邮寄、携带、使用、提供、处置爆炸性、毒害性、放射性、腐蚀性物质或者传染病病原体等危险物质的，处十日以上十五日以下拘留；情节较轻的，处五日以上十日以下拘留。

《危险化学品安全管理条例》

第三条 本条例所称危险化学品，是指具有毒害、腐蚀、爆炸、燃烧、助燃等性质，对人体、设施、环境具有危害的剧毒化学品和其他化学品。

危险化学品目录，由国务院安全生产监督管理部门会同国务院工业和信息化、公安、环境保护、卫生、质量监督检验检疫、交通运输、铁路、民用航空、农业主管部门，根据化学品危险特性的鉴别和分类标准确定、公布，并适时调整。

第四条 危险化学品安全管理，应当坚持安全第一、预防为主、综合治理的方针，强化和落实企业的主体责任。

生产、储存、使用、经营、运输危险化学品的单位（以下统称危险化学品单位）的主要负责人对本单位的危险化学品安全管理工作全面负责。

危险化学品单位应当具备法律、行政法规规定和国家标准、行业标准要求的安全条件，建立、健全安全管理规章制度和岗位安全责任制度，对从业人员进行安全教育、法制教育和岗位技术培训。从业人员应当接受教育和培训，考核合格后上岗作业；对有资格要求的岗位，应当配备依法取得相应资格的人员。

第五条 任何单位和个人不得生产、经营、使用国家禁止生产、经营、使用的危险化学品。

国家对危险化学品的使用有限制性规定的，任何单位和个人不得违反限制性规定使用危险化学品。

第二十八条 使用危险化学品的单位，其使用条件（包括工艺）应当符合法律、行政法规的规定和国家标准、行业标准的要求，并根据所使用的危险化学品的种类、危险特性以及使用量和使用方式，建立、健全使用危险化学品的安全管理规章制度和安全操作规程，保证危险化学品的安全使用。

举一反三

危险物质，是指爆炸性、毒害性、放射性、腐蚀性物质或者传染病病原体等物质。由于此类物质危险性较高，容易给自身及他人带来损害，因而危险物质的制造、买卖、储存、运输、邮寄、携带、使用、提供、处置，都要严格遵守相关安全规定，避免造成不必要的损失。开开心心出门去，平平安安回家来，是亲友的牵挂，也是我们保护好自身安全后，给身边人最好的幸福。

15 烟花厂火药被盗了怎么办？

遇事

阳光烟花厂在盘点火药库存的时候，发现仓库里的火药数量与库存表对不上。阳光公司经过一番自查，也没找到火药丢失的原因，后来就不了了之了。应急管理部门在例行检查时发现了阳光烟花厂丢失火药未报告的问题。阳光烟花厂的行为违法吗？会面临怎样的处罚？

说法

本案涉及的违法行为是危险物质被盗而丢失不报的行为。该行为是指爆炸性、毒害性、放射性、腐蚀性物质或者传染病病原体等危险物质被盗，未按规定报告，尚不够刑事处罚的行为。

危险物质被盗后，如果行为人未按规定报告的，将面临5日以下拘留的处罚，如果是故意隐瞒不报的，将面临5日以上10日以下拘留的处罚。

另外，依据《民用爆炸物品安全管理条例》第50条的规定，民用爆炸物品丢失、被盗、被抢，未按照规定向当地公安机关报告或者故意隐瞒不报的，将面临2万元以上10万元以下的罚款的处罚。

本案中，阳光烟花厂在发现危险物质火药丢失后，没有履行报告义务，构成危险物质丢失不报行为，公安机关最终依据《民用爆炸物品安全管理条例》对阳光烟花厂处以2万元罚款的处罚；依据《治安管理处罚法》对阳光烟花厂直接负责的主管人员处以拘留5日的处罚。

找法

《中华人民共和国治安管理处罚法》

第十八条 单位违反治安管理的，对其直接负责的主管人员和其他直接责任人员依照本法的规定处罚。其他法律、行政法规对同一行为规定给予单位处罚的，依照其规定处罚。

第三十七条 爆炸性、毒害性、放射性、腐蚀性物质或者传染病病原体等危险物质被盗、被抢或者丢失，未按规定报告的，处五日以下拘留；故意隐瞒不报的，处五日以上十日以下拘留。

《危险化学品安全管理条例》

第二十三条 生产、储存剧毒化学品或者国务院公安部门规定的可用于制造爆炸物品的危险化学品（以下简称易制爆危险化学品）的单位，应当如实记录其生产、储存的剧毒化学品、易制爆危险化学品的数量、流向，并采取必要的安全防范措施，防止剧毒化学品、易制爆危险化学品丢失或者被盗；发现剧毒化学品、易制爆危险化学品丢失或者被盗的，应当立即向当地公安机关报告。

生产、储存剧毒化学品、易制爆危险化学品的单位，应当设置治安保卫机构，配备专职治安保卫人员。

《民用爆炸物品安全管理条例》

第五十条 违反本条例规定，民用爆炸物品从业单位有下列情形之一的，由公安机关处2万元以上10万元以下的罚款；情节严重的，吊销其许可证；有违反治安管理行为的，依法给予治安管理处罚：

（一）违反安全管理制度，致使民用爆炸物品丢失、被盗、被抢的；

（二）民用爆炸物品丢失、被盗、被抢，未按照规定向当地公安机关报告或者故意隐瞒不报的；

（三）转让、出借、转借、抵押、赠送民用爆炸物品的。

举一反三

危险物品流入社会会引起恐慌或者造成危害，因而法律对危险物品管理的各个环节都作了明确规定，并要求危险物品被盗、被抢或丢失时，要及时向相关部门报告。生产、使用、存储危险物质的单位在发生危险物质丢失、被盗、被抢的情况时，落实第一时间向公安机关等有关部门报告的制度，会给追回危险物质赢取最佳时机，提高追回危险物质的可能性，也可以降低群众受到危险物质侵害的风险。

16 非法携带管制刀具怎么处理？

遇事

扫一扫，听案情

说法

本案涉及的违法行为是非法携带国家规定的管制器具的行为。非法携带国家规定的管制器具的行为人，将面临5日以下拘留，可以并处1000元以下罚款的处罚；情节较轻的，则处警告或者500元以下罚款。非法携带国家规定的管制器具进入公共场所或者公共交通工具的行为人，将面临5日以上10日以下拘留，可以并处1000元以下罚款的处罚。

如果行为人以收藏、留念、赠送为目的，携带属于管制刀具的各类武术刀、工艺刀、礼品刀，未造成危害后果的，可以减轻处罚。但是，如果行为人非法携带国家规定的管制器具，行为后果严重，可能会构成非法携带枪支、弹药、管制刀具、危险物品危及公共安全罪。

本案中，张三已经构成了非法携带管制刀具行为。公安机关最终决定对张三拘留5日，并收缴其随身携带的单刃尖刀一把。

找法

《中华人民共和国治安管理处罚法》

第十一条 办理治安案件所查获的毒品、淫秽物品等违禁品，赌具、赌资，吸食、注射毒品的用具以及直接用于实施违反治安管理行为的本人所有的工具，应当收缴，按照规定处理。

违反治安管理所得的财物，追缴退还被侵害人；没有被侵害人的，登记造册，公开拍卖或者按照国家有关规定处理，所得款项上缴国库。

第三十八条 非法携带枪支、弹药或者弩、匕首等国家规定的管制器具的，处五日以下拘留，可以并处一千元以下罚款；情节较轻的，处警告或者五百元以下罚款。

非法携带枪支、弹药或者弩、匕首等国家规定的管制器具进入公共场所或者公共交通工具的，处五日以上十日以下拘留，可以并处一千元以下罚款。

《公安部对部分刀具实行管制的暂行规定》

第二条 本规定所管制的刀具是：匕首、三棱刀（包括机械加工用的三棱刮刀）、带有自锁装置的弹簧刀（跳刀）以及其它相类似的单刃、双刃、三棱尖刀。

举一反三

我国对枪支、弹药及管制刀具实行严格管理，除非经过审批程序并随身携带证件，任何人不能随身携带枪支、弹药或管制刀具进入公共场所或者公共交通工具内。此外，实施其他违法犯罪行为时如果还携带枪支、弹药或管制刀具，很可能会面临更重的处罚，甚至会转化为犯罪。如在满足其他要件的前提下，携带凶器盗窃的，不论盗窃数额，均成立盗窃罪；携带凶器抢夺的，直接构成抢劫罪。

17 盗窃、损毁公共设施会面临怎样的处罚？

遇事

张三听说电信电缆很值钱，就萌生了偷电信电缆卖钱的念头。某日，张三带上事先准备好的刀具、梯子和装电信电缆的大包，趁着夜色来到阳光村村口偏僻处的电线杆处，刚爬到梯子上准备割电缆，就被巡逻人员发现，将其扭送至派出所。张三会面临怎样的处罚呢？

说法

本案涉及的违法行为是盗窃、损毁公共设施的行为。该行为的处罚规则在2025年《治安管理处罚法》修订时有所变化，主要体现在三个方面：一是在违法对象中增加了公共供水设施、公路及附属设施以及生态环境监测公共设施；二是在客观方面增加了危及公共安全的后果要求；三是增加了违法情节较轻的处理。

盗窃、损毁公共设施的行为是指盗窃、损毁油气管道设施、电力电信设施、广播电视设施、水利工程设施、公共供水设施、公路及附属设施或者水文监测、测量、气象测报、生态环境监测、地质监测、地震监测等公共设施，危及公共安全，尚不够刑事处罚的行为。实施盗窃、损毁公共设施行为的行为人，将面临10日以上15日以下拘留的处罚，若情节较轻，则面临5日以下拘留的处罚。

相较于《刑法》规定的破坏广播电视设施、公用电信设施罪，盗窃、损毁公共设施行为与该罪名的区别主要在于情节严重程度不同，如果对公共秩序未造成严重影响，可以给予其治安管理处罚，如果造成严重后果，则应该追究行为人的刑事责任。

本案中，张三意图破坏正在使用中的电信电缆，其行为构成了盗窃公共设施行为，公安机关最终依法给予其拘留10日的处罚。

找法

《中华人民共和国治安管理处罚法》

第三十九条 有下列行为之一的，处十日以上十五日以下拘留；情节较轻的，处五日以下拘留：

（一）盗窃、损毁油气管道设施、电力电信设施、广播电视设施、水利工程设施、公共供水设施、公路及附属设施或者水文监测、测量、气象测报、生态环境监测、地质监测、地震监测等公共设施，危及公共安全的；

（二）移动、损毁国家边境的界碑、界桩以及其他边境标志、边境设施或者领土、领海基点标志设施的；

（三）非法进行影响国（边）界线走向的活动或者修建有碍国（边）境管理的设施的。

《中华人民共和国刑法》

第一百二十四条 破坏广播电视设施、公用电信设施，危害公共安全的，处三年以上七年以下有期徒刑；造成严重后果的，处七年以上有期徒刑。

过失犯前款罪的，处三年以上七年以下有期徒刑；情节较轻的，处三年以下有期徒刑或者拘役。

《广播电视设施保护条例》

第七条 禁止危及广播电视信号专用传输设施的安全和损害其使用效能的下列行为：

（一）在标志埋设地下传输线路两侧各5米和水下传输线路两侧各50米

范围内进行铺设易燃易爆液（气）体主管道、抛锚、拖锚、挖沙等施工作业；

（二）移动、损坏传输线路、终端杆、塔桅（杆）及其附属设备、标志物；

（三）在标志埋设地下传输线路的地面周围1米范围内种植根茎可能缠绕传输线路的植物、倾倒腐蚀性物品；

（四）树木的顶端与架空传输线路的间距小于2米；

（五）在传输线路塔桅（杆）、拉线周围1米范围内挖沙、取土，或者在其周围5米范围内倾倒腐蚀性物品、堆放易燃易爆物品；

（六）在传输线路塔桅（杆）、拉线上拴系牲畜、悬挂物品、攀附农作物。

第二十一条 违反本条例规定，损坏广播电视设施的，由县级以上人民政府广播电视行政管理部门或者其授权的广播电视设施管理单位责令改正，对个人处1000元以上1万元以下的罚款，对单位处2万元以上10万元以下的罚款；对其直接负责的主管人员及其他直接责任人员依法给予行政处分；违反治安管理规定的，由公安机关依法给予治安管理处罚；构成犯罪的，依法追究刑事责任。

举一反三

实践中，行为人破坏电力电信设施的行为往往伴随着以非法占有为目的的盗窃行为。如果行为人盗窃的是在仓库里未使用的电信电缆，或者是已经废弃的电力设施，由于其未对正在使用的电信设施造成影响，则按照盗窃行为处罚。如果行为人盗窃的是正在使用的电力电信设施，则按照盗窃、损毁公共设施行为处罚。

18 在飞机上能使用可能影响导航系统正常功能的电子设备吗？

遇事

扫一扫，听案情

说法

本案涉及的违法行为是在使用中的航空器上使用禁用物品、不听劝阻的行为。该行为的处罚规则在2025年《治安管理处罚法》修订中有所变化，具体体现在罚则上，罚款的上限由500元修改为1000元。

在使用中的航空器上使用禁用物品、不听劝阻的，将面临5日以下拘留或者1000元以下罚款的处罚。

飞机这种航空器也属于公共交通工具，那么本行为与扰乱公共交通工具上的秩序行为有什么区别呢？两者有以下区别：一是行为侵犯的客体不同。在使用中的航空器上使用禁用物品的行为侵犯的客体为航空器的飞行安全，扰乱公共交通工具上的秩序行为侵犯的客体为公共交通工具上的秩序。二是行为的客观方面不同。在使用中的航空器上使用禁用物品的行为客观方面表现为在使用中的航空器上使用可能影响导航系统正常功能的器具、工具，不听劝阻的行为，扰乱公共交通工具上的秩序行为客观方面表现为扰乱公共汽车、电车、城市轨道交通车辆、火车、船舶、航空器或者其他公共交通工具上秩序的行为。三是行为发生的地点不同，在使用中的航空器上使用禁用物品的行为地点在使用中的航空器上，扰乱公共交通工具上的秩序行为发生在包括航空器在内的使用中的公共交通工具上。

本案中，张三在正在使用的航空器上使用了可能影响导航系统正常功能的电子设备，且不听工作人员的劝阻，其行为构成了在航空器上使用禁用物品的行为，最终被公安机关给予拘留5日的处罚。

找法

《中华人民共和国治安管理处罚法》

第四十条 盗窃、损坏、擅自移动使用中的航空设施，或者强行进入航空器驾驶舱的，处十日以上十五日以下拘留。

在使用中的航空器上使用可能影响导航系统正常功能的器具、工具，不听劝阻的，处五日以下拘留或者一千元以下罚款。

盗窃、损坏、擅自移动使用中的其他公共交通工具设施、设备，或者以抢控驾驶操纵装置、拉扯、殴打驾驶人员等方式，干扰公共交通工具正常行驶的，处五日以下拘留或者一千元以下罚款；情节较重的，处五日以上十日以下拘留。

《中华人民共和国民用航空安全保卫条例》

第五条 旅客、货物托运人和收货人以及其他进入机场的人员，应当遵守民用航空安全管理的法律、法规和规章。

第二十五条 航空器内禁止下列行为：

（一）在禁烟区吸烟；

（二）抢占座位、行李舱（架）；

（三）打架、酗酒、寻衅滋事；

（四）盗窃、故意损坏或者擅自移动救生物品和设备；

（五）危及飞行安全和扰乱航空器内秩序的其他行为。

举一反三

相较于其他交通工具，飞机等航空器是在空中飞行的，一旦发生问题，不仅救援难度大，更易危及全机人员的生命。在飞机上使用可能影响导航系统正常功能的器具、工具（最典型的就是未开飞行模式的手机），会给飞机带来很大的安全隐患，因而被法律严令禁止。为了维护航空器的飞行安全，法律还禁止盗窃、损坏、擅自移动使用中的航空设施，强行进入航空器驾驶舱的，和在使用中的航空器上使用可能影响导航系统正常功能的器具、工具，不听劝阻的行为。

19 抢夺公交车方向盘会面临怎样的处罚？

遇事

2024年12月29日，司机张三驾驶着某市22路公交车正常行驶。李四发现自己坐过站后，要求司机张三立刻停车，张三以未到站为由拒绝。李四非常愤怒，站在驾驶座旁辱骂张三并要求停车，张三未予理会。李四一怒之下突然动手拉动方向盘。为了避免发生意外，张三立刻踩刹车停车，所幸当时道路上无其他车辆，公交车上也没有其他乘客，未造成严重后果。李四会面临怎样的处罚？

说法

本案涉及的行为是妨害安全驾驶的行为。该行为的处罚规则是2025年《治安管理处罚法》修订时新增的内容。

实施妨害安全驾驶行为的行为人，将面临处5日以下拘留或者1000元以下罚款的处罚，如果情节较重的，将面临处5日以上10日以下拘留的行政处罚。

与妨害安全驾驶行为相对应，《刑法》中也规定了妨害安全驾驶罪，两者主要区别在于对公共安全的危害程度不同。考量的要素包括公共交通工具的行驶速度、通行路段情况、载客情况、妨害安全驾驶行为的严重程度及对公共交通安全的危害大小等。需要综合上述要求，才能判断对公共安全的危害是否达到刑事立案程度。

本案中，司机张三拒绝在未到站的时候停车是正当行为，李四因自己坐过站而辱骂司机，甚至抢夺公交车方向盘，属于妨害安全驾驶行为，所幸公交车行驶路径较为僻静，车上人员仅有张三、李四两人，未造成其他后果，最终公安机关给予李四拘留5日的处罚。

找法

《中华人民共和国治安管理处罚法》

第四十条 盗窃、损坏、擅自移动使用中的航空设施，或者强行进入航空器驾驶舱的，处十日以上十五日以下拘留。

在使用中的航空器上使用可能影响导航系统正常功能的器具、工具，不听劝阻的，处五日以下拘留或者一千元以下罚款。

盗窃、损坏、擅自移动使用中的其他公共交通工具设施、设备，或者以抢控驾驶操纵装置、拉扯、殴打驾驶人员等方式，干扰公共交通工具正常行驶的，处五日以下拘留或者一千元以下罚款；情节较重的，处五日以上十日以下拘留。

《中华人民共和国刑法》

第一百三十三条之二 对行驶中的公共交通工具的驾驶人员使用暴力或者抢控驾驶操纵装置，干扰公共交通工具正常行驶，危及公共安全的，处一年以下有期徒刑、拘役或者管制，并处或者单处罚金。

前款规定的驾驶人员在行驶的公共交通工具上擅离职守，与他人互殴或者殴打他人，危及公共安全的，依照前款的规定处罚。

有前两款行为，同时构成其他犯罪的，依照处罚较重的规定定罪处罚。

举一反三

妨害安全驾驶行为具有高度危险性，极易诱发重大交通事故，造成重大人身伤亡、财产损失，严重威胁公共安全，因而，为制止该妨害安全驾驶行为而采取的措施，符合法定条件的，应当认定为正当防卫或紧急避险。对正在进行的妨害安全驾驶的违法犯罪行为，乘客等人员有权采取措施制止。制止行为造成违法犯罪行为人损害，符合法定条件的，应当认定为正当防卫。正在驾驶公共交通工具的驾驶人员遭到妨害安全驾驶行为侵害时，为避免公共交通工具倾覆或者人员伤亡等危害后果发生，采取紧急制动或者躲避措施，造成公共交通工具、交通设施损坏或者人身损害，符合法定条件的，应当认定为紧急避险。

20 小学生贪玩，在铁路线路上放置障碍物，该怎么处理？

遇事

2021年2月2日8时56分，A市铁路公安局接到报警称，A市境内某铁路路段发生因线路上有障碍物造成停车的恶性事件。民警到达事发现场后发现，列车撞上道碴造成停车，钢轨上留下一段长达20厘米的碾压后的石头粉末痕迹，机车无损坏，其间未影响其他列车运行，13分钟后，该次列车经检测无损后重新启程。民警现场调查访问时，有村民反映，不久前看见3名小学生在附近逗留、玩耍，后民警找到了这3名小学生。经查，3名小学生均为A市某小学学生，分别名叫李小四（11岁）、李小五（10岁）、李小六（7岁），在家长的陪同下，3人承认了在铁轨上摆放了道碴的事实。李小四认为火车会将石头碾成粉末，其余2人不信，于是3人将道碴摆放在铁轨上，等待火车驶过验证。不久后，他们看到火车停下了，吓得赶紧各自回到家躲藏。鉴于3名肇事者是未成年人，民警对3名小学生进行了普法教育，并要求其家长严加管教。

说法

本案涉及的违法行为是在铁路线路上放置障碍物的行为。该行为的处罚规则在2025年《治安管理处罚法》修订时有所变化，具体体现在修改了罚则，罚款的上限由500元修改为1000元。

在铁路线路上放置障碍物的行为如果危害较小的，可以减轻处罚。具体有以下情况：（1）在火车到来前及时采取补救措施，危害后果没有发生的；（2）不足以对行车安全和旅客人身安全造成影响的；（3）其他情节较轻的情形。

实施在铁路线路上放置障碍物行为的行为人，将面临5日以上10日以下拘留，可以并处1000元以下罚款的处罚，如果有上述较轻情节的，将处以5日以下拘留或者1000元以下罚款的处罚。

除了在铁路线路上放置障碍物的行为，为了维护铁路的行车安全，法律还禁止盗窃、损毁、擅自移动铁路、城市轨道交通设施、设备、机车车辆配件或者安全标志，故意向列车投掷物品，在铁路、城市轨道交通线路、桥梁、隧道、涵洞处挖掘坑穴、采石取沙，在铁路、城市轨道交通线路上私设道口或者平交过道的行为。

本案中，行为人在铁路线路上摆放障碍物，造成停车的恶劣后果，已经构成了在铁路线路上放置障碍物的行为。由于肇事者均为小学生，未到可以行政处罚的年龄，父母应当对其加强管教，避免此类事件的发生。

找法

《中华人民共和国治安管理处罚法》

第十二条 已满十四周岁不满十八周岁的人违反治安管理的，从轻或者减轻处罚；不满十四周岁的人违反治安管理的，不予处罚，但是应当责令其监护人严加管教。

第四十一条 有下列行为之一的，处五日以上十日以下拘留，可以并处一千元以下罚款；情节较轻的，处五日以下拘留或者一千元以下罚款：

（一）盗窃、损毁、擅自移动铁路、城市轨道交通设施、设备、机车车辆配件或者安全标志的；

（二）在铁路、城市轨道交通线路上放置障碍物，或者故意向列车投掷物品的；

（三）在铁路、城市轨道交通线路、桥梁、隧道、涵洞处挖掘坑穴、采石取沙的；

（四）在铁路、城市轨道交通线路上私设道口或者平交过道的。

《中华人民共和国铁路法》

第四十九条 对损毁、移动铁路信号装置及其他行车设施或者在铁路线路上放置障碍物的，铁路职工有权制止，可以扭送公安机关处理。

第六十一条 故意损毁、移动铁路行车信号装置或者在铁路线路上放置足以使列车倾覆的障碍物的，依照刑法有关规定追究刑事责任。

举一反三

违反《治安管理处罚法》的是小朋友，小朋友因不满14周岁而不予处罚，那么其家长会被行政处罚吗？事实上，行政责任不同于民事责任，在民事案件中，未成年人给他人造成损失，需要赔偿的，应由其监护人进行赔偿；而在行政案件中，未成年人涉嫌违法的，则不能由监护人代为承担责任。对于无法承担行政责任的未成年人，应由其监护人严加管教。未满14周岁的未成年人世界观还未形成，缺乏判断是非善恶的能力，单纯的处罚并不是最好的解决方案。由监护人严加管教，做到惩治与教育相结合，在未成年人走上弯路前及时纠偏，才能取得更好的效果。虽然监护人不会因为未成年人的行为而面临行政处罚，但是对未成年人造成的民事损失，仍应承担赔偿责任。

21 偷井盖会面临怎样的处罚？

遇事

2023年9月15日凌晨3时许，张三开车来到阳光路僻静处，拆卸井盖并搬运到车上。在张三拆卸第二个井盖时，被巡逻的群防队员抓获，扭送到派出所。张三会面临怎样的处罚？

说法

本案涉及的违法行为是盗窃路面公共设施的行为。该行为的处罚规则在2025年《治安管理处罚法》修订时有所变化，具体体现在罚则上，罚款的上限由500元修改为1000元。

盗窃、损毁路面公共设施的行为人，会面临5日以下拘留或者1000元以下罚款的处罚；情节严重的，将面临10日以上15日以下拘留，可以并处1000元以下罚款的处罚。

如果行为人偷井盖的同时，还存在以下情况的，行为人会面临更加严重的处罚：（1）造成人员受伤或者财物损失等危害后果的；（2）盗窃、损毁多个设施的；（3）其他情节严重的情形。

本案中，张三明知拆卸道路上的井盖会影响公共道路安全，仍采取了盗窃的行为，其行为已经构成了盗窃路面公共设施的行为。公安机关最终依法对张三给予拘留5日的处罚。

找法

《中华人民共和国治安管理处罚法》

第四十三条 有下列行为之一的，处五日以下拘留或者一千元以下罚款；

情节严重的，处十日以上十五日以下拘留，可以并处一千元以下罚款：

（一）未经批准，安装、使用电网的，或者安装、使用电网不符合安全规定的；

（二）在车辆、行人通行的地方施工，对沟井坎穴不设覆盖物、防围和警示标志的，或者故意损毁、移动覆盖物、防围和警示标志的；

（三）盗窃、损毁路面井盖、照明等公共设施的；

（四）违反有关法律法规规定，升放携带明火的升空物体，有发生火灾事故危险，不听劝阻的；

（五）从建筑物或者其他高空抛掷物品，有危害他人人身安全、公私财产安全或者公共安全危险的。

《城市道路管理条例》

第二十四条 城市道路的养护、维修工程应当按照规定的期限修复竣工，并在养护、维修工程施工现场设置明显标志和安全防围设施，保障行人和交通车辆安全。

第四十二条 违反本条例第二十七条规定，或者有下列行为之一的，由市政工程行政主管部门或者其他有关部门责令限期改正，可以处以2万元以下的罚款；造成损失的，应当依法承担赔偿责任：

（一）未对设在城市道路上的各种管线的检查井、箱盖或者城市道路附属设施的缺损及时补缺或者修复的；

（二）未在城市道路施工现场设置明显标志和安全防围设施的；

（三）占用城市道路期满或者挖掘城市道路后，不及时清理现场的；

（四）依附于城市道路建设各种管线、杆线等设施，不按照规定办理批准手续的；

（五）紧急抢修埋设在城市道路下的管线，不按照规定补办批准手续的；

（六）未按照批准的位置、面积、期限占用或者挖掘城市道路，或者需要移动位置、扩大面积、延长时间，未提前办理变更审批手续的。

举一反三

盗窃、损毁路面公共设施行为和盗窃、损毁公共设施行为有一定的相似性，其主要区别在于侵犯的对象不同。盗窃、损毁路面公共设施行为侵犯的对象是使用中的路面井盖、照明等公共设施，而盗窃、损毁公共设施行为侵犯的对象是油气管道设施、电力电信设施、广播电视设施、水利防汛工程设施或者水文监测、测量、气象测报、环境监测、地质监测、地震监测等公共设施，范围更加广泛。

22 放"孔明灯"违法吗？

遇事

2024年3月3日凌晨1时许，张三和李四为庆祝元宵节，开车到A县燃放孔明灯，两人点燃的火光引来了巡逻民警，巡逻民警告知张三和李四旁边有树林，禁止燃放明火。张三和李四在巡逻民警走后继续燃放孔明灯，后两人被当场抓获。张三和李四会面临怎样的处罚？

说法

本案涉及的行为是非法升放携带明火的升空物体的行为。该行为的处罚规则是2025年《治安管理处罚法》修订时新增的内容。

行为人非法升放携带明火的升空物体，将面临5日以下拘留或者1000元以下罚款的处罚；如果情节严重的，将面临10日以上15日以下拘留，可以并处1000元以下罚款的处罚。

本案中，张三和李四在树林边燃放孔明灯，有点燃树林引起大火的风险，在执勤民警劝阻后仍不停止，其已经构成非法升放携带明火的升空物体行为，公安机关最终依法给予其拘留5日的处罚。

找法

《中华人民共和国治安管理处罚法》

第四十三条 有下列行为之一的，处五日以下拘留或者一千元以下罚款；情节严重的，处十日以上十五日以下拘留，可以并处一千元以下罚款：

（一）未经批准，安装、使用电网的，或者安装、使用电网不符合安全规定的；

（二）在车辆、行人通行的地方施工，对沟井坎穴不设覆盖物、防围和警示标志的，或者故意损毁、移动覆盖物、防围和警示标志的；

（三）盗窃、损毁路面井盖、照明等公共设施的；

（四）违反有关法律法规规定，升放携带明火的升空物体，有发生火灾事故危险，不听劝阻的；

（五）从建筑物或者其他高空抛掷物品，有危害他人人身安全、公私财产安全或者公共安全危险的。

《中华人民共和国消防法》

第六十三条 违反本法规定，有下列行为之一的，处警告或者五百元以下罚款；情节严重的，处五日以下拘留：

（一）违反消防安全规定进入生产、储存易燃易爆危险品场所的；

（二）违反规定使用明火作业或者在具有火灾、爆炸危险的场所吸烟、使用明火的。

举一反三

为什么孔明灯容易引发火灾？孔明灯外焰温度可达300℃，升空后易因空气对流等因素挂在建筑物或树枝上，引发火灾事故。在城市燃放孔明灯，会有孔明灯挂在供电、通讯线路的风险，易造成通讯和供电设施故障。孔明灯可飞到近1000米的高空，一旦遭遇降落或起飞的飞机，将危及飞机及乘客的安全。

23 高空抛物会面临怎样的处罚?

遇事

张三与王五系情侣关系。2024年4月2日，张三与王五因琐事发生争吵，争执间，张三将王五的手机夺走，王五夺回手机，一怒之下将自己的手机从所居住的三楼窗户扔下，砸坏了楼下停放的电动自行车座椅。电动自行车车主报警，王五被抓获。王五将面临怎样的处罚?

说法

本案涉及的行为是高空抛物行为。该行为的处罚规则是2025年《治安管理处罚法》修订时新增的内容。

实施高空抛物的行为人，将面临处5日以下拘留或者1000元以下罚款的行政处罚，如果情节较重的，将面临10日以上15日以下拘留，可以并处1000元以下罚款的行政处罚。

与高空抛物行为相对应,《刑法》也规定了高空抛物罪，两者的主要区别在于情节的严重程度不同，只有情节严重的，才能构成高空抛物罪。考量的要素包括行为人的动机、抛物场所、抛物高度、抛掷物的情况以及造成的后果等因素。需要综合上述要求，才能判断对公共安全的危害是否达到刑事立案程度。

本案中，王五为泄私愤将自己的手机从三楼抛下，砸中了楼下的电动自行车座椅，虽然没有造成人员伤亡，但仍有危害公共安全的现实危险。考虑到事发时间为凌晨，行人经过的可能性较小，三楼属于高层中的较低楼层，危害性小于更高楼层抛物的危险，且王五已积极赔付电动自行车车主的损失，公安机关最终给予王五拘留5日的处罚。

找法

《中华人民共和国治安管理处罚法》

第四十三条 有下列行为之一的，处五日以下拘留或者一千元以下罚款；情节严重的，处十日以上十五日以下拘留，可以并处一千元以下罚款：

（一）未经批准，安装、使用电网的，或者安装、使用电网不符合安全规定的；

（二）在车辆、行人通行的地方施工，对沟井坎穴不设覆盖物、防围和警示标志的，或者故意损毁、移动覆盖物、防围和警示标志的；

（三）盗窃、损毁路面井盖、照明等公共设施的；

（四）违反有关法律法规规定，升放携带明火的升空物体，有发生火灾事故危险，不听劝阻的；

（五）从建筑物或者其他高空抛掷物品，有危害他人人身安全、公私财产安全或者公共安全危险的。

《中华人民共和国刑法》

第二百九十一条之二 从建筑物或者其他高空抛掷物品，情节严重的，处一年以下有期徒刑、拘役或者管制，并处或者单处罚金。

有前款行为，同时构成其他犯罪的，依照处罚较重的规定定罪处罚。

《最高人民法院关于依法妥善审理高空抛物、坠物案件的意见》

二、依法惩处构成犯罪的高空抛物、坠物行为，切实维护人民群众生命财产安全

5.准确认定高空抛物犯罪。对于高空抛物行为，应当根据行为人的动机、抛物场所、抛掷物的情况以及造成的后果等因素，全面考量行为的社会危害程度，准确判断行为性质，正确适用罪名，准确裁量刑罚。

举一反三

高空抛物与建筑物脱落有很大区别。建筑物及其搁置物、悬挂物发生脱落、坠落造成他人损害的，所有人、管理人或者使用人不能证明自己没有过错的，应依法承担侵权责任；有其他责任人的，所有人、管理人或者使用人赔偿后可以向其他责任人追偿。物业服务企业不履行或者不完全履行物业服务合同约定或者法律法规规定、相关行业规范确定的维修、养护、管理和维护义务，造成建筑物及其搁置物、悬挂物发生脱落、坠落致使他人损害的，应承担侵权责任。有其他责任人的，物业服务企业承担责任后，有权向其他责任人追偿。

24 违规举办演唱会等大型活动会被处罚吗?

遇事

张三是阳光市小有名气的歌手。近期，张三人气飙升，其所在的阳光经纪公司决定为张三开一场个人演唱会。阳光经纪公司原计划售票800张，但800张票刚一推出就被抢购一空，于是阳光经纪公司又发售400张票以满足歌迷的需要。但令阳光经纪公司没想到的是，由于其未向当地公安机关报备且未制订安全保卫工作方案，被公安机关责令改正。阳光经纪公司迟迟不改正，该演唱会在开办当天被公安机关责令停止活动，立即疏散现场人员，并对组织者处以行政拘留的处罚。

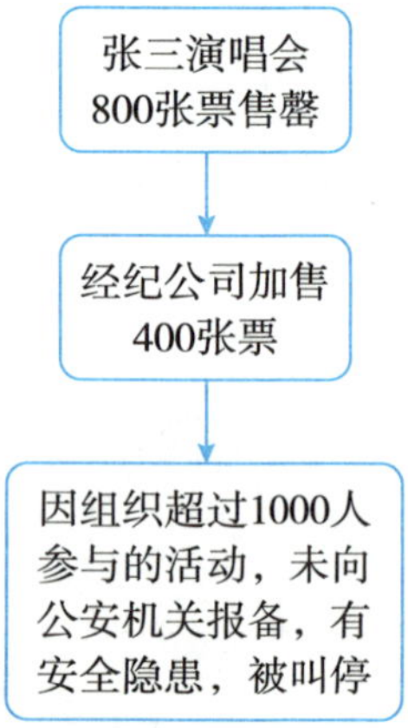

说法

本案涉及的违法行为是违规举办大型活动的行为。该行为的处罚规则在2025年《治安管理处罚法》修订时有较大变化，主要体现在以下四个方面：一是增加了“公安机关责令改正而拒不改正或者无法改正”的前置要件；二是将处罚对象从“组织者”明确为“直接负责的主管人员和其他直接责任人员”；三是修改了罚则，将罚款金额修改为“一千元以上三千元以下”；四是删除了情节较轻的处理，并增加了情节较重的处理。

违规举办大型活动会被责令停止活动，立即疏散。直接负责的主管人员和其他直接责任人员将面临5日以上10日以下拘留，并处1000元以上3000元以下罚款的处罚；情节较重的，将面临10日以上15日以下拘留，并处3000元以上5000元以下罚款的处罚，可以同时责令其6个月至1年以内不得举办大型群众性活动。

《大型群众性活动安全管理条例》规定，公安机关对大型群众性活动实行安全许可制度，承办者应在活动举办日的20日前向公安机关提出安全许可申请。本案中，张三个人演唱会预计参加人数达到1200人，其主办方阳光经纪公司应向当地公安机关提出申请，做好安全保卫工作。由于阳光经纪公司违反《大型群众性活动安全管理条例》规定，有发生安全事故的危险，在公安机关责令改正后仍不改正，其行为构成违规举办大型活动行为，该演唱会在开办当天被公安机关责令停止活动，立即疏散全场人员，阳光经纪公司的主管人员最终被处以拘留10日，并处3000元罚款的处罚，同时被责令1年以内不得举办大型群众性活动。

找法

《中华人民共和国治安管理处罚法》

第四十四条　举办体育、文化等大型群众性活动，违反有关规定，有发生安全事故危险，经公安机关责令改正而拒不改正或者无法改正的，责令停止活动，立即疏散；对其直接负责的主管人员和其他直接责任人员处五日以上十日以下拘留，并处一千元以上三千元以下罚款；情节较重的，处十日以上十五日以下拘留，并处三千元以上五千元以下罚款，可以同时责令六个月至一年以内不得举办大型群众性活动。

《大型群众性活动安全管理条例》

第五条　大型群众性活动的承办者（以下简称承办者）对其承办活动的安全负责，承办者的主要负责人为大型群众性活动的安全责任人。

第十一条　公安机关对大型群众性活动实行安全许可制度。《营业性演出管理条例》对演出活动的安全管理另有规定的，从其规定。

举办大型群众性活动应当符合下列条件：

（一）承办者是依照法定程序成立的法人或者其他组织；

（二）大型群众性活动的内容不得违反宪法、法律、法规的规定，不得违反社会公德；

（三）具有符合本条例规定的安全工作方案，安全责任明确、措施有效；

（四）活动场所、设施符合安全要求。

第十二条 大型群众性活动的预计参加人数在1000人以上5000人以下的，由活动所在地县级人民政府公安机关实施安全许可；预计参加人数在5000人以上的，由活动所在地设区的市级人民政府公安机关或者直辖市人民政府公安机关实施安全许可；跨省、自治区、直辖市举办大型群众性活动的，由国务院公安部门实施安全许可。

第二十条 承办者擅自变更大型群众性活动的时间、地点、内容或者擅自扩大大型群众性活动的举办规模的，由公安机关处1万元以上5万元以下罚款；有违法所得的，没收违法所得。

未经公安机关安全许可的大型群众性活动由公安机关予以取缔，对承办者处10万元以上30万元以下罚款。

举一反三

什么是大型群众性活动呢？这是指法人或者其他组织面向社会公众举办的每场次预计参加人数达到1000人以上的体育比赛、文艺活动、展览展销会、游园灯会、人才招聘会等活动。大型群众性活动参与人数多，人员密集，相对于其他活动，大型群众性活动更容易发生安全事故，对活动期间的安全保障有更高的要求。

25 KTV等娱乐场所在安全出口设置栅栏，阻碍出行怎么办？

遇事

“彩虹KTV”和“阳光足浴店”是同在阳光大厦3层营业的商铺，两家店共用一个安全出口。两家店因为琐事不合，“彩虹KTV”的经营管理人员便在安全出口处设置栅栏，拒绝“阳光足浴店”的员工使用该安全出口。该情况被例行检查的民警发现，责令“彩虹KTV”进行整改，7日内移除该安全出口处的栅栏。7日后民警再来检查时，发现该栅栏仍未移除。彩虹KTV将面临怎样的处罚？

说法

本案涉及的违法行为是供社会公众活动的场所违反安全规定的行为。该行为的处罚规则在2025年《治安管理处罚法》修订时有较大变化，主要体现在以下三个方面：一是修改了行为主体，从“供社会公众活动的场所的经营管理人员”修改为“供社会公众活动的场所”；二是修改了处罚对象，从“经营管理人员”修改为“直接负责的主管人员和其他直接责任人员”；三是增加了情节较重行为的处罚规定。

旅馆、饭店、影剧院、娱乐场、体育场馆、展览馆或者其他供社会公众活动的场所违反安全规定，致使该场所有发生安全事故危险，经公安机关责令改正而拒不改正的，对其直接负责的主管人员和其他直接责任人员处5日以下拘留；情节较重的，处5日以上10日以下拘留。

安全出口是发生火灾等重大意外事件时的安全生命线，任何人都无权遮挡。本案中，彩虹KTV作为供社会公众活动的场所，出于个人私怨，遮挡了安全出口，且经公安机关责令改正而拒不改正，其行为已经危害了公共安全，理应受到法律的惩处，最终公安机关给予其直接负责的主管人员拘留5

日的处罚。

找法

《中华人民共和国治安管理处罚法》

第四十五条 旅馆、饭店、影剧院、娱乐场、体育场馆、展览馆或者其他供社会公众活动的场所违反安全规定，致使该场所有发生安全事故危险，经公安机关责令改正而拒不改正的，对其直接负责的主管人员和其他直接责任人员处五日以下拘留；情节较重的，处五日以上十日以下拘留。

《中华人民共和国消防法》

第二十八条 任何单位、个人不得损坏、挪用或者擅自拆除、停用消防设施、器材，不得埋压、圈占、遮挡消火栓或者占用防火间距，不得占用、堵塞、封闭疏散通道、安全出口、消防车通道。人员密集场所的门窗不得设置影响逃生和灭火救援的障碍物。

《娱乐场所管理条例》

第二十条 娱乐场所的法定代表人或者主要负责人应当对娱乐场所的消防安全和其他安全负责。

娱乐场所应当确保其建筑、设施符合国家安全标准和消防技术规范，定期检查消防设施状况，并及时维护、更新。

娱乐场所应当制定安全工作方案和应急疏散预案。

第二十一条 营业期间，娱乐场所应当保证疏散通道和安全出口畅通，不得封堵、锁闭疏散通道和安全出口，不得在疏散通道和安全出口设置栅栏等影响疏散的障碍物。

娱乐场所应当在疏散通道和安全出口设置明显指示标志，不得遮挡、覆盖指示标志。

举一反三

供社会公众活动的场所是公众休闲娱乐放松的地方。为了保证公众安全，国家出台了多部法律法规，从场馆设施、应急管控、消防救援等各个方面保障公众权益。但是不法经营者为了一己私利，并未严格遵守这些法律法规，导致场所出现安全隐患。对于此类不法经营者，可以根据《治安管理处罚法》第45条的规定，责令其整改，将危险扼杀在摇篮之中。

26 在人员密集区飞行“无人机”违法吗？

遇事

2024年4月26日18时许，张三在A市的市中心公共交通枢纽站飞行新购买的微型“无人机”，由于操作不熟练，“无人机”飞得过低，等待公交车的人群四处躲避，现场一片混乱。张三的行为违法吗？

说法

本案涉及的行为是违规飞行民用无人驾驶航空器的行为。该行为的处罚规则是2025年《治安管理处罚法》修订时新增的内容。

根据《无人驾驶航空器飞行管理暂行条例》的相关规定，无人驾驶航空器，是指没有机载驾驶员、自备动力系统的航空器。无人驾驶航空器按照性能指标分为微型、轻型、小型、中型和大型。国家根据需要划设无人驾驶航空器管制空域（以下简称管制空域）。真高120米以上空域，空中禁区、空中限制区以及周边空域，军用航空超低空飞行空域，以及下列区域上方的空域应当划设为管制空域：（1）机场以及周边一定范围的区域；（2）国界线、实际控制线、边境线向我方一侧一定范围的区域；（3）军事禁区、军事管理区、监管场所等涉密单位以及周边一定范围的区域；（4）重要军工设施保护区域、核设施控制区域、易燃易爆等危险品的生产和仓储区域，以及可燃重要物资的大型仓储区域；（5）发电厂、变电站、加油（气）站、供水厂、公共交通枢纽、航电枢纽、重大水利设施、港口、高速公路、铁路电气化线路等公共基础设施以及周边一定范围的区域和饮用水水源保护区；（6）射电天文台、卫星测控（导航）站、航空无线电导航台、雷达站等需要电磁环境特殊保护的设施以及周边一定范围的区域；（7）重要革命纪念地、重要不可移动文物以及周边一定范围的区域；（8）国家空中交通管理领导机构规定的其他区域。

管制空域的具体范围由各级空中交通管理机构按照国家空中交通管理领导机构的规定确定，由设区的市级以上人民政府公布，民用航空管理部门和承担相应职责的单位发布航行情报。未经空中交通管理机构批准，不得在管制空域内实施无人驾驶航空器飞行活动。管制空域范围以外的空域为微型、轻型、小型无人驾驶航空器的适飞空域（以下简称适飞空域）。

违反有关法律法规关于飞行空域管理规定，飞行民用无人驾驶航空器、航空运动器材，或者升放无人驾驶自由气球、系留气球等升空物体，情节较重的，会被处5日以上10日以下拘留。本案中，张三在市中心的公共交通枢纽站飞行“无人机”，造成了人群混乱，属于违规飞行民用无人驾驶航空器的行为，公安机关最终依法给予其拘留5日的处罚。

找法

《中华人民共和国治安管理处罚法》

第四十六条 违反有关法律法规关于飞行空域管理规定，飞行民用无人驾驶航空器、航空运动器材，或者升放无人驾驶自由气球、系留气球等升空物体，情节较重的，处五日以上十日以下拘留。

飞行、升放前款规定的物体非法穿越国（边）境的，处十日以上十五日以下拘留。

举一反三

操控民用无人驾驶航空器还需注意操控员执照问题。操控小型、中型、大型民用无人驾驶航空器飞行的人员应当具备下列条件，并向国务院民用航空主管部门申请取得相应民用无人驾驶航空器操控员执照：（1）具备完全民事行为能力；（2）接受安全操控培训，并经民用航空管理部门考核合格；（3）无可能影响民用无人驾驶航空器操控行为的疾病病史，无吸毒行为记录；（4）近5年内无因危害国家安全、公共安全或者侵犯公民人身权利、扰乱公共秩序的故意犯罪受到刑事处罚的记录。从事常规农用无人驾驶航空器作业飞行活动的人员无需取得操控员执照，但应当由农用无人驾驶航空器系统生产者按照国务院民用航空、农业农村主管部门规定的内容进行培训和考核，合格后取得操作证书。操控微型、轻型民用无人驾驶航空器飞行的人员，无需取得操控员执照，但应当熟练掌握有关机型操作方法，了解风险警示信息和有关管理制度。

三

侵犯人身权利、财产权利的行为

27 被强迫劳动了怎么办？

遇事

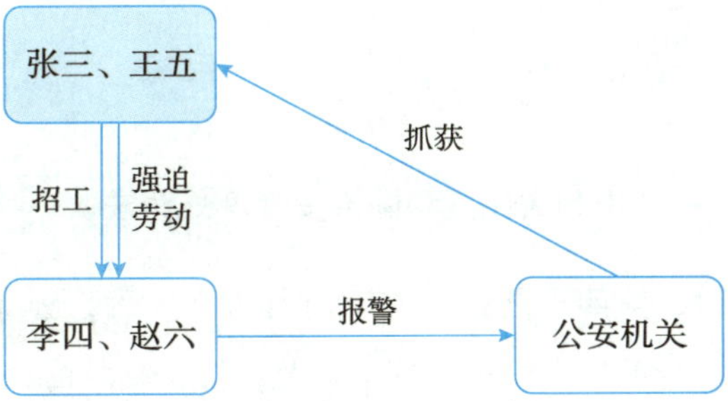

张三、王五是夫妻关系，租用A市A区一民房用作手表加工及住宿场所。2023年4月至10月间，行为人张三与王五以招工为名，先后从中介处招来李四、赵六两名被侵害人，利用李四、赵六初来A市、人生地不熟且社会经验少的弱点，强迫两名被侵害人在该处从事手表组装工作，每天仅能外出1小时。其间，行为人张三、王五对被侵害人李四、赵六有语言威胁的行为。2023年10月20日，经被侵害人报警，公安人员到场解救了两名被侵害人，并将行为人张三、王五抓获归案。张三、王五的行为会面临怎样的处罚？

说法

本案涉及的违法行为是强迫劳动行为。该行为的处罚规则在2025年《治安管理处罚法》修订时有所变化，具体体现在罚则上，罚款的金额由“五百元以上一千元以下”修改为“一千元以上二千元以下”，情节较轻的罚款金额由“二百元以上五百元以下”修改为“一千元以下”。

强迫他人劳动的人有以下情形的，可以减轻处罚：（1）经被侵害人要求或者他人劝阻及时停止，且后果轻微的；（2）强迫他人劳动系以劳务抵偿合法债务，且劳动强度较低的；（3）其他情节较轻的情形。

实施强迫劳动行为的行为人，将面临10日以上15日以下拘留，并处1000元以上2000元以下罚款的处罚；满足上述较轻情节的，处5日以上10日以下拘留，并处1000元以下罚款。

本案中，行为人张三、王五强迫李四、赵六两名被侵害人长时间劳动的行为，构成强迫劳动行为。最终行为人张三被处以拘留15日，并处1000元罚款的处罚，行为人王五被处以拘留10日，并处500元罚款的处罚。

找法

《中华人民共和国治安管理处罚法》

第四十七条 有下列行为之一的，处十日以上十五日以下拘留，并处一千元以上二千元以下罚款；情节较轻的，处五日以上十日以下拘留，并处一千元以下罚款：

（一）组织、胁迫、诱骗不满十六周岁的人或者残疾人进行恐怖、残忍表演的；

（二）以暴力、威胁或者其他手段强迫他人劳动的；

（三）非法限制他人人身自由、非法侵入他人住宅或者非法搜查他人身体的。

《中华人民共和国劳动法》

第三条 劳动者享有平等就业和选择职业的权利、取得劳动报酬的权利、休息休假的权利、获得劳动安全卫生保护的权利、接受职业技能培训的权利、享受社会保险和福利的权利、提请劳动争议处理的权利以及法律规定的其他劳动权利。

劳动者应当完成劳动任务，提高职业技能，执行劳动安全卫生规程，遵守劳动纪律和职业道德。

第三十六条 国家实行劳动者每日工作时间不超过八小时、平均每周工作时间不超过四十四小时的工时制度。

第九十六条 用人单位有下列行为之一，由公安机关对责任人员处以十五日以下拘留、罚款或者警告；构成犯罪的，对责任人员依法追究刑事责任：

（一）以暴力、威胁或者非法限制人身自由的手段强迫劳动的；

（二）侮辱、体罚、殴打、非法搜查和拘禁劳动者的。

举一反三

《刑法》中的强迫劳动罪和《治安管理处罚法》中的强迫劳动行为有什么区别呢？其区别主要在于是否达到刑事立案标准。用人单位违反劳动管理法规，以限制人身自由方法强迫职工劳动，涉嫌下列情形之一的，应予立案追诉：（1）强迫他人劳动，造成人员伤亡或者患职业病的；（2）采用殴打、胁迫、扣发工资、扣留身份证件等手段限制人身自由，强迫他人劳动的；（3）强迫妇女从事井下劳动、国家规定的第四级体力劳动强度的劳动或者其他禁忌从事的劳动，或者强迫处于经期、孕期和哺乳期妇女从事强体力劳动或者其他禁忌从事的劳动的；（4）强迫已满16周岁未满18周岁的未成年人从事强体力劳动，或者从事高空、井下劳动，或者在爆炸性、易燃性、放射性、毒害性等危险环境下从事劳动的；（5）其他情节严重的情形。

28 超市工作人员可以对顾客搜身吗？

遇事

扫一扫，听案情

说法

本案涉及的违法行为是非法搜查身体的行为。非法搜查身体行为是指未经法律授权或违反法定程序，搜查人身身体，尚不够刑事处罚的行为。

当然，如果行为人及时停止此种违法行为，可以对其减轻处罚，此类可以减轻处罚的情形还有：（1）经被侵害人要求或者他人劝阻及时停止，且未造成人身伤害或者其他危害后果的；（2）未使用暴力或者未以暴力相威胁的；（3）其他情节较轻的情形。实施非法搜查身体行为的行为人，将面临10日以上15日以下拘留，并处1000元以上2000元以下罚款的处罚，满足上述情节较轻条件的，处5日以上10日以下拘留，并处1000元以下罚款。

本案中，超市工作人员单凭怀疑就对张三进行搜身，其行为违反了《治安管理处罚法》，构成非法搜查身体的行为。超市工作人员李四最终被公安机关给予行政处罚。

找法

《中华人民共和国治安管理处罚法》

第四十七条 有下列行为之一的，处十日以上十五日以下拘留，并处一千元以上二千元以下罚款；情节较轻的，处五日以上十日以下拘留，并处一千元以下罚款：

（一）组织、胁迫、诱骗不满十六周岁的人或者残疾人进行恐怖、残忍表演的；

（二）以暴力、威胁或者其他手段强迫他人劳动的；

（三）非法限制他人人身自由、非法侵入他人住宅或者非法搜查他人身体的。

《保安服务管理条例》

第四十五条 保安员有下列行为之一的，由公安机关予以训诫；情节严重的，吊销其保安员证；违反治安管理的，依法给予治安管理处罚；构成犯罪的，依法追究刑事责任：

（一）限制他人人身自由、搜查他人身体或者侮辱、殴打他人的；

（二）扣押、没收他人证件、财物的；

（三）阻碍依法执行公务的；

（四）参与追索债务、采用暴力或者以暴力相威胁的手段处置纠纷的；

（五）删改或者扩散保安服务中形成的监控影像资料、报警记录的；

（六）侵犯个人隐私或者泄露在保安服务中获知的国家秘密、商业秘密以及客户单位明确要求保密的信息的；

（七）有违反法律、行政法规的其他行为的。

从事武装守护押运的保安员违反规定使用枪支的，依照《专职守护押运人员枪支使用管理条例》的规定处罚。

举一反三

超市工作人员无权对顾客进行搜身，此行为侵犯了公民的人身自由权和名誉权。如果超市认为顾客有盗窃嫌疑，应及时报警，由公安机关办理该起盗窃案。根据《保安服务管理条例》的规定，如果保安员违反了相应规定，对他人进行非法搜身，那么要视情况对其进行处罚。在情节轻微时，应对其进行训诫，如果情节严重，应依法吊销保安员证，违反治安管理的，依法给予其进行治安管理处罚。

29 组织未成年人在KTV有偿陪侍会面临怎样的处罚？

遇事

张三以营利为目的，招募4名未成年人从事有偿销售酒水的工作。张三通过微信与四名未成年人以及某KTV联系好销售酒水的事宜，然后专门安排车辆接送上述四名未成年人到KTV以陪酒、陪玩等有偿陪侍的方式来销售酒水。张三的行为会面临怎样的处罚？

说法

本案涉及的行为是组织未成年人在不适宜未成年人活动的经营场所从事有偿陪侍活动的行为。该行为的处罚规则是2025年《治安管理处罚法》修订时新增的内容。

行为人组织未成年人在不适宜未成年人活动的经营场所从事有偿陪侍活动，将面临10日以上15日以下拘留，并处5000元以下罚款的处罚；情节较轻的，将面临5日以下拘留或者5000元以下罚款的处罚。

本案中，张三组织4名未成年人在KTV以陪酒、陪玩等有偿陪侍的方式来销售酒水，其已经构成了组织未成年人在不适宜未成年人活动的经营场所从事有偿陪侍活动行为，公安机关最终给予张三拘留15日，并处5000元罚款的处罚。

找法

《中华人民共和国治安管理处罚法》

第四十八条 组织、胁迫未成年人在不适宜未成年人活动的经营场所从事陪酒、陪唱等有偿陪侍活动的，处十日以上十五日以下拘留，并处五千元以下罚款；情节较轻的，处五日以下拘留或者五千元以下罚款。

举一反三

为了给未成年人创造更加清朗的环境，国家对娱乐场所的运营有严格的要求：一是规定娱乐场所不得设立在学校、幼儿园周围；二是除国家法定节假日外，娱乐场所设置的电子游戏机不得向未成年人提供；三是娱乐场所应当在显著位置悬挂娱乐经营许可证、未成年人禁入或者限入标志，标志应当注明举报电话。

30 胁迫、诈骗、利用他人乞讨会面临怎样的处罚？

遇事

2024年12月19日8时8分，A县公安局阳光派出所接到群众报警称：有一个小男孩在阳光街南段某饭馆门前人行道上乞讨，请求帮助。经阳光派出所民警确认：乞讨人名叫张小（男，15岁），受其父亲张三唆使，故意编造"家庭困难、圆大学梦"骗局在大街上乞讨。该父子二人于2024年12月18日来到A县，张三制作广告板，并专门设置了二维码便于收钱，唆使张小装扮乞讨，企图博取同情、谋取利益。张三及张小会面临怎样的处罚？

说法

本案涉及的违法行为是胁迫、诱骗、利用他人乞讨的行为。该行为的处罚规则在2025年《治安管理处罚法》修订时有所变化，具体体现在罚则上，罚款的上限由1000元修改为2000元。

胁迫、诱骗、利用他人乞讨的行为人，将面临10日以上15日以下拘留，可以并处2000元以下罚款的处罚。

除了胁迫、诱骗、利用他人乞讨，法律同样禁止以滋扰他人的方式进行乞讨行为。以滋扰他人的方式乞讨表现为采用反复纠缠、强行讨要或者以其他滋扰他人的方式乞讨，尚不够刑事处罚的行为。反复纠缠是指在他人已经明确表示拒绝之后，仍然向他人乞讨的行为；强行讨要是指以生拉硬拽、抱腿、围堵等方式强行向他人乞讨的行为；其他滋扰他人的方式是指采用除反复纠缠、强行讨要以外给他人造成困扰的方式进行乞讨的行为。

本案中，张三利用自己的孩子进行乞讨，构成了利用他人乞讨的行为，张三最终被公安机关处以拘留10日，并处罚款1000元的处罚。

找法

《中华人民共和国治安管理处罚法》

第四十九条 胁迫、诱骗或者利用他人乞讨的，处十日以上十五日以下拘留，可以并处二千元以下罚款。

反复纠缠、强行讨要或者以其他滋扰他人的方式乞讨的，处五日以下拘留或者警告。

《中华人民共和国未成年人保护法》

第十七条 未成年人的父母或者其他监护人不得实施下列行为：

（一）虐待、遗弃、非法送养未成年人或者对未成年人实施家庭暴力；

（二）放任、教唆或者利用未成年人实施违法犯罪行为；

（三）放任、唆使未成年人参与邪教、迷信活动或者接受恐怖主义、分裂主义、极端主义等侵害；

（四）放任、唆使未成年人吸烟（含电子烟，下同）、饮酒、赌博、流浪乞讨或者欺凌他人；

（五）放任或者迫使应当接受义务教育的未成年人失学、辍学；

（六）放任未成年人沉迷网络，接触危害或者可能影响其身心健康的图书、报刊、电影、广播电视节目、音像制品、电子出版物和网络信息等；

（七）放任未成年人进入营业性娱乐场所、酒吧、互联网上网服务营业场所等不适宜未成年人活动的场所；

（八）允许或者迫使未成年人从事国家规定以外的劳动；

（九）允许、迫使未成年人结婚或者为未成年人订立婚约；

（十）违法处分、侵吞未成年人的财产或者利用未成年人牟取不正当利益；

（十一）其他侵犯未成年人身心健康、财产权益或者不依法履行未成年人保护义务的行为。

第五十四条 禁止拐卖、绑架、虐待、非法收养未成年人，禁止对未成年人实施性侵害、性骚扰。

禁止胁迫、引诱、教唆未成年人参加黑社会性质组织或者从事违法犯罪活动。

禁止胁迫、诱骗、利用未成年人乞讨。

举一反三

对于流浪乞讨、生活无着的人员，政府部门会提供相应帮助。公安机关和其他有关行政机关的工作人员在执行职务时发现流浪乞讨人员的，应当告知其向救助站求助；对其中的残疾人、未成年人、老年人和行动不便的其他人员，还应当引导、护送到救助站。向救助站求助的流浪乞讨人员，应当如实提供本人的姓名等基本情况并将随身携带物品在救助站登记，向救助站提出求助需求。救助站对属于救助对象的求助人员，应当及时提供救助，不得拒绝；对不属于救助对象的求助人员，应当说明不予救助的理由。救助站应当根据受助人员的需要提供下列救助：（1）提供符合食品卫生要求的食物；（2）提供符合基本条件的住处；（3）对在站内突发急病的，及时送医院救治；（4）帮助与其亲属或者所在单位联系；（5）对没有交通费返回其住所地或者所在单位的，提供乘车凭证。

31 侮辱他人会面临怎样的处罚?

遇事

张三、李四与王五同为阳光村的村民，三人是邻居。2020年8月26日，阳光村修路需要砍树，在砍树过程中，李四家的树砸到了王五家的庄稼，王五因此骂了李四。李四认为王五骂自己是受张三指使，因而与张三发生争吵。2020年9月9日，张三路过李四门口，李四又对张三进行辱骂。2020年9月10日，李四在村里到处张贴大字报侮辱张三。李四会面临怎样的处罚?

说法

本案涉及的违法行为是公然侮辱他人的行为。该行为的处罚规则在2025年《治安管理处罚法》修订时有所变化，具体体现在罚则上，罚款的上限由500元修改为1000元。

侮辱行为是指以语言、行为或者其他方式，公然贬损他人人格，尚不够刑事处罚的行为。如果行为人在侮辱他人的同时，还存在着以下行为，那么会面临更重的处罚:（1）使用恶劣手段、方式的;（2）给他人正常工作、生活、身心健康、名誉造成较大影响的;（3）经劝阻仍不停止的;（4）利用信息网络公然侮辱他人的;（5）针对多人实施的;（6）其他情节较重的情形。实施侮辱行为的行为人，将面临5日以下拘留或者1000元以下罚款的处罚；如果存在上述较重情节的，则会处以5日以上10日以下拘留，可以并处1000元以下罚款的处罚。

特别严重的侮辱他人的行为可能会构成侮辱罪。侮辱行为与侮辱罪的区别主要在于情节不同，只有情节严重的才能构成侮辱罪。

本案中，李四因为私人纠纷而对张三进行公然谩骂、张贴大字报的行为贬低了张三的人格，损害了张三的名誉，其行为构成公然侮辱他人。公安机关最终对李四处以拘留5日的处罚。

找法

《中华人民共和国治安管理处罚法》

第五十条 有下列行为之一的，处五日以下拘留或者一千元以下罚款；情节较重的，处五日以上十日以下拘留，可以并处一千元以下罚款：

（一）写恐吓信或者以其他方法威胁他人人身安全的；

（二）公然侮辱他人或者捏造事实诽谤他人的；

（三）捏造事实诬告陷害他人，企图使他人受到刑事追究或者受到治安管理处罚的；

（四）对证人及其近亲属进行威胁、侮辱、殴打或者打击报复的；

（五）多次发送淫秽、侮辱、恐吓等信息或者采取滋扰、纠缠、跟踪等方法，干扰他人正常生活的；

（六）偷窥、偷拍、窃听、散布他人隐私的。

有前款第五项规定的滋扰、纠缠、跟踪行为的，除依照前款规定给予处罚外，经公安机关负责人批准，可以责令其一定期限内禁止接触被侵害人。对违反禁止接触规定的，处五日以上十日以下拘留，可以并处一千元以下罚款。

《中华人民共和国刑法》

第二百四十六条 以暴力或者其他方法公然侮辱他人或者捏造事实诽谤他人，情节严重的，处三年以下有期徒刑、拘役、管制或者剥夺政治权利。

前款罪，告诉的才处理，但是严重危害社会秩序和国家利益的除外。

通过信息网络实施第一款规定的行为，被害人向人民法院告诉，但提供证据确有困难的，人民法院可以要求公安机关提供协助。

举一反三

很多人分不清楚侮辱行为和诽谤行为的区别，事实上，两者有以下三点不同：一是诽谤的事实一定是捏造的事实，而侮辱行为中的事实有可能是真实存在的；二是诽谤只能用语言、文字、图画等方式进行，而侮辱的行为方式不止于此，还可以暴力等手段进行；三是诽谤要求行为人有散布该捏造事实的行为，侮辱则不要求行为人有散布行为。

32 被捏造事实诽谤了怎么办？

遇事

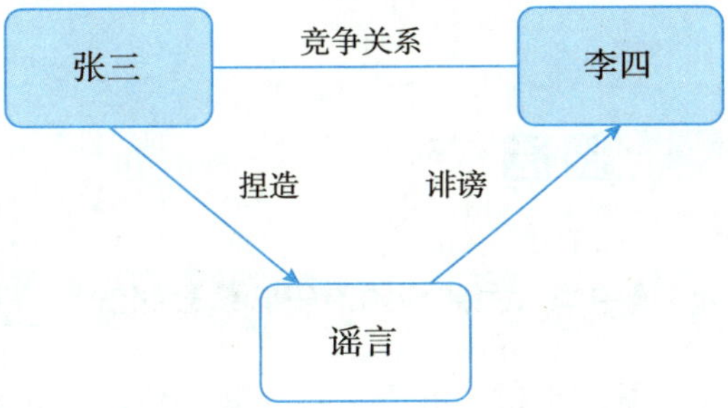

张三与李四有工作上的竞争关系，为了贬低李四的名誉，让李四在与自己的竞争中落败，张三编造出李四出轨王五的谣言，抨击李四有作风问题，并四处散播，影响了领导和同事们对李四的评价。张三的行为违法吗？

说法

本案涉及的违法行为是诽谤行为。该行为的处罚规则在2025年《治安管理处罚法》修订时有所变化，具体体现在罚则上，罚款的上限由500元修改为1000元。

违法行为人在诽谤他人的同时，如果还存在以下情形的，会面临更重的处罚：（1）使用恶劣手段、方式的；（2）给他人正常工作、生活、身心健康、名誉造成较大影响的；（3）经劝阻仍不停止的；（4）利用信息网络公然诽谤他人的；（5）针对多人实施的；（6）其他情节较重的情形。实施诽谤行为的行为人，将面临5日以下拘留或者1000元以下罚款的处罚；如果存在上述较重情节的，则会处以5日以上10日以下拘留，可以并处1000元以下罚款的处罚。

如果诽谤他人的情节特别严重，那么就有可能构成《刑法》中的诽谤罪。具体来说，有以下标准：（1）捏造损害他人名誉的事实，在信息网络上散布，或者组织、指使人员在信息网络上散布的；（2）将信息网络上涉及他人的原始信息内容篡改为损害他人名誉的事实，在信息网络上散布，或者组织、指使人员在信息网络上散布的；明知是捏造的损害他人名誉的事实，在信息网络上散布，情节恶劣的，以“捏造事实诽谤他人”论。

本案中，张三以歪曲事实、捏造谎言并四处传播的方式，让李四的社会评价变低，这是典型的诽谤行为。公安机关最终依法给予张三拘留5日的处罚。

找法

《中华人民共和国治安管理处罚法》

第五十条 有下列行为之一的，处五日以下拘留或者一千元以下罚款；情节较重的，处五日以上十日以下拘留，可以并处一千元以下罚款：

（一）写恐吓信或者以其他方法威胁他人人身安全的；

（二）公然侮辱他人或者捏造事实诽谤他人的；

（三）捏造事实诬告陷害他人，企图使他人受到刑事追究或者受到治安管理处罚的；

（四）对证人及其近亲属进行威胁、侮辱、殴打或者打击报复的；

（五）多次发送淫秽、侮辱、恐吓等信息或者采取滋扰、纠缠、跟踪等方法，干扰他人正常生活的；

（六）偷窥、偷拍、窃听、散布他人隐私的。

有前款第五项规定的滋扰、纠缠、跟踪行为的，除依照前款规定给予处罚外，经公安机关负责人批准，可以责令其一定期限内禁止接触被侵害人。对违反禁止接触规定的，处五日以上十日以下拘留，可以并处一千元以下罚款。

《中华人民共和国刑法》

第二百四十六条 以暴力或者其他方法公然侮辱他人或者捏造事实诽谤他人，情节严重的，处三年以下有期徒刑、拘役、管制或者剥夺政治权利。

前款罪，告诉的才处理，但是严重危害社会秩序和国家利益的除外。

通过信息网络实施第一款规定的行为，被害人向人民法院告诉，但提供证据确有困难的，人民法院可以要求公安机关提供协助。

举一反三

构成诽谤行为，有以下三点要求：一是捏造谣言。如果该事件是真实存在的，即使该事件的传播导致当事人的社会评价降低，该行为也不能认定为诽谤行为。二是必须有散布该谣言的事实，单纯的编造行为并不构成诽谤行为。三是诽谤行为必须针对特定的人，如果没有指名道姓，那么必须能够通过事件里的特征推断出被诽谤的具体的人。

33 被诬告了怎么办？

遇事

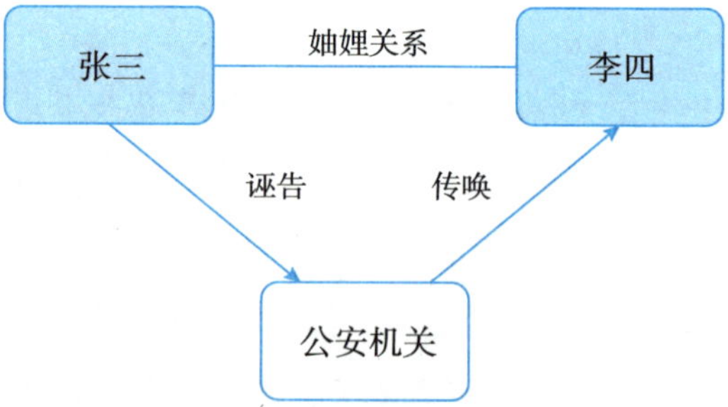

张三与李四是妯娌关系。2020年1月11日，张三到李四家里商量其女儿相亲之事，二人在说家务事的时候发生争吵，在争吵期间，张三的手机从口袋中滑落、掉到地上。为了使李四受到法律追究，张三向公安机关报警称，其手机被李四夺走且被故意扔到地上摔坏。2020年1月20日，公安机关受理了该案，并将李四传唤至派出所。李四会被处罚吗？张三的行为违法吗？

说法

本案涉及的违法行为是诬告陷害行为。该行为的处罚规则在2025年《治安管理处罚法》修订时有所变化，具体体现在罚则上，罚款的上限由500元修改为1000元。

诬告陷害行为是指捏造事实诬告陷害他人，企图使他人受到刑事追究或者受到治安管理处罚的行为。构成诬告陷害行为，必须满足以下三个要件：一是捏造足以让对方受到治安管理处罚或者受到刑事追究的事实；二是将捏造的事实向有关机构告发；三是诬告陷害行为有明确的对象。

诬告陷害行为人如果还存在下列情形的，会加重处罚：（1）使用恶劣手段、方式的；（2）给他人正常工作、生活、身心健康、名誉造成较大影响的；（3）经劝阻仍不停止的；（4）利用信息网络诬告陷害他人的；（5）针对多人实施的；（6）其他情节较重的情形。实施诬告陷害行为的行为人，将面临5日以下拘留或者1000元以下罚款的处罚；如果存在上述较重情节的，则会处以5日以上10日以下拘留，可以并处1000元以下罚款的处罚。

本案中，张三与李四因家庭矛盾发生争吵，为了让李四受到法律追究，张三捏造手机被李四摔坏的事实，且公安机关已受理了该案，并将李四传唤至派出所，其行为已经构成诬告陷害。公安机关在侦查中发现了张三诬告李四的情况，依法给予张三拘留5日的处罚。

找法

《中华人民共和国治安管理处罚法》

第五十条 有下列行为之一的，处五日以下拘留或者一千元以下罚款；情节较重的，处五日以上十日以下拘留，可以并处一千元以下罚款：

（一）写恐吓信或者以其他方法威胁他人人身安全的；

（二）公然侮辱他人或者捏造事实诽谤他人的；

（三）捏造事实诬告陷害他人，企图使他人受到刑事追究或者受到治安管理处罚的；

（四）对证人及其近亲属进行威胁、侮辱、殴打或者打击报复的；

（五）多次发送淫秽、侮辱、恐吓等信息或者采取滋扰、纠缠、跟踪等方法，干扰他人正常生活的；

（六）偷窥、偷拍、窃听、散布他人隐私的。

有前款第五项规定的滋扰、纠缠、跟踪行为的，除依照前款规定给予处罚外，经公安机关负责人批准，可以责令其一定期限内禁止接触被侵害人。对违反禁止接触规定的，处五日以上十日以下拘留，可以并处一千元以下罚款。

《中华人民共和国刑法》

第二百四十三条 捏造事实诬告陷害他人，意图使他人受刑事追究，情节严重的，处三年以下有期徒刑、拘役或者管制；造成严重后果的，处三年以上十年以下有期徒刑。

国家机关工作人员犯前款罪的，从重处罚。

不是有意诬陷，而是错告，或者检举失实的，不适用前两款的规定。

举一反三

现实中，有些人不知道举报的事情是假的，只是出于正义感而向司法机关告发，并没有诬告的故意，那么这种情况应该怎么处理呢？事实上，诬告与错告常常被混淆。诬告与错告都是告诉内容与实际不符的行为，但错告是基于主观认识错误而导致的行为，诬告则是明知事实与告诉不符，为了让对方受到刑事追究或治安管理处罚而采取的行为，两者在是否有诬告故意方面有本质不同。

34 目击证人被打击报复了怎么办?

遇事

2025年4月5日，阳光村村民张三与同村村民李四打架，村民王五在案件办理过程中向公安机关作证，后张三被判刑。张三的父亲张大三认为是王五的作证行为导致儿子张三被追究法律责任，于是张大三多次在村里对王五及其家人进行辱骂，干扰了王五家人的正常生活。张大三的行为违法吗?

说法

本案涉及的违法行为是威胁、侮辱、殴打、打击报复证人及其近亲属的行为。该行为的处罚规则在2025年《治安管理处罚法》修订时有所变化，具体体现在罚则上，罚款的上限由500元修改为1000元。

证人是指了解案件真实情况并作证的人，包括民事、行政、刑事案件的证人。近亲属是指配偶、父母、子女、兄弟姐妹、祖父母、外祖父母、孙子女、外孙子女和其他具有扶养、赡养关系的人。威胁、侮辱、殴打、打击报复证人及其近亲属的行为如果还伴随着以下情形，会加重处罚:（1）使用恶劣手段、方式的;（2）给他人正常工作、生活、身心健康、名誉造成较大影响的;（3）造成人身伤害的;（4）针对多人实施的;（5）其他情节较重的情形。实施威胁、侮辱、殴打、打击报复证人及其近亲属的行为的行为人，将面临5日以下拘留或者1000元以下罚款的处罚；如果存在上述较重情节的，则会处以5日以上10日以下拘留，可以并处1000元以下罚款的处罚。

本案中，张大三因王五在张三与李四殴打案中作证，而经常性地辱骂王五及其家人，其已构成侮辱证人及其近亲属的行为。公安机关最终依法给予张大三拘留5日的处罚。

找法

《中华人民共和国治安管理处罚法》

第五十条 有下列行为之一的，处五日以下拘留或者一千元以下罚款；情节较重的，处五日以上十日以下拘留，可以并处一千元以下罚款：

（一）写恐吓信或者以其他方法威胁他人人身安全的；

（二）公然侮辱他人或者捏造事实诽谤他人的；

（三）捏造事实诬告陷害他人，企图使他人受到刑事追究或者受到治安管理处罚的；

（四）对证人及其近亲属进行威胁、侮辱、殴打或者打击报复的；

（五）多次发送淫秽、侮辱、恐吓等信息或者采取滋扰、纠缠、跟踪等方法，干扰他人正常生活的；

（六）偷窥、偷拍、窃听、散布他人隐私的。

有前款第五项规定的滋扰、纠缠、跟踪行为的，除依照前款规定给予处罚外，经公安机关负责人批准，可以责令其一定期限内禁止接触被侵害人。对违反禁止接触规定的，处五日以上十日以下拘留，可以并处一千元以下罚款。

《中华人民共和国刑法》

第三百零八条 对证人进行打击报复的，处三年以下有期徒刑或者拘役；情节严重的，处三年以上七年以下有期徒刑。

举一反三

如果行为人打击报复证人的行为特别严重，则有可能构成《刑法》中的打击报复证人罪。打击报复证人行为与打击报复证人罪的区别主要有以下几点：一是行为对象的范围不同。威胁、侮辱、殴打、打击报复证人及其近亲属行为对象包括证人及其近亲属，而打击报复证人罪的对象仅包括证人，但如果行为人通过打击报复证人近亲属的方式给证人施压，并造成严重后果，其行为也构成打击报复证人罪。二是在于是否达到刑事立案标准。虽然打击报复证人罪的法条中并没有将情节严重作为构成要件，但是如果情节显著轻微危害不大，不认为是犯罪的，可以给予行政处罚。

35 跟踪、滋扰他人将面临怎样的处罚？

遇事

2024年12月2日，李四报警称，张三长期跟踪、滋扰自己，并提交了视频、照片等相关材料。阳光派出所依法受理了该案件。经查，张三与李四曾是情侣关系，2024年10月29日，李四提出与张三分手，张三不愿。在2024年10月29日至12月2日期间，张三多次采取跟踪、滋扰的方法骚扰李四，严重影响了李四的正常生活与工作。张三将面临怎样的处罚？

说法

本案涉及的违法行为是采取滋扰、纠缠、跟踪等方法干扰他人正常生活的行为。该行为的处罚规则是2025年《治安管理处罚法》修订时新增的内容。

行为人采取滋扰、纠缠、跟踪等方法，干扰他人正常生活的，将面临5日以下拘留或者1000元以下罚款的处罚；情节较重的，则会处以5日以上10日以下拘留，可以并处1000元以下罚款的处罚。除此之外，经公安机关负责人批准，可以责令行为人在一定期限内禁止接触被侵害人。对违反禁止接触规定的，处5日以上10日以下拘留，可以并处1000元以下罚款。

本案中，在2024年10月29日至12月2日期间，张三多次采取跟踪、滋扰的方法骚扰李四，严重影响了李四的正常生活与工作，公安机关最终依法给予其拘留5日的处罚。

找法

《中华人民共和国治安管理处罚法》

第五十条 有下列行为之一的，处五日以下拘留或者一千元以下罚款；情节较重的，处五日以上十日以下拘留，可以并处一千元以下罚款：

（一）写恐吓信或者以其他方法威胁他人人身安全的；

（二）公然侮辱他人或者捏造事实诽谤他人的；

（三）捏造事实诬告陷害他人，企图使他人受到刑事追究或者受到治安管理处罚的；

（四）对证人及其近亲属进行威胁、侮辱、殴打或者打击报复的；

（五）多次发送淫秽、侮辱、恐吓等信息或者采取滋扰、纠缠、跟踪等方法，干扰他人正常生活的；

（六）偷窥、偷拍、窃听、散布他人隐私的。

有前款第五项规定的滋扰、纠缠、跟踪行为的，除依照前款规定给予处罚外，经公安机关负责人批准，可以责令其一定期限内禁止接触被侵害人。对违反禁止接触规定的，处五日以上十日以下拘留，可以并处一千元以下罚款。

举一反三

除了采取滋扰、纠缠、跟踪等方法外，多次发送淫秽、侮辱、恐吓等信息也会干扰他人正常生活。这里的“信息”应作广义理解，包括声音、文字、图像等。以下情形构成发送信息干扰他人正常生活行为的较重情节：（1）给他人正常工作、生活、身心健康、名誉造成较大影响的；（2）向多人发送的；（3）经被侵害人制止仍不停止的；（4）其他情节较重的情形。

36 随意传播他人隐私违法吗?

遇事

2024年7月6日，王五报警称，自己的微信聊天截图被人发布在互联网上，聊天截图里有王五的隐私内容。阳光派出所调查后证实：2024年5月26日，王五的男友张三趁王五睡觉时，打开了王五的手机微信，拍下了王五和其他人的聊天记录，并发布在互联网上。王五从其他朋友处得知此消息后，向公安机关报警。张三会面临怎样的处罚？

说法

本案涉及的违法行为是散布隐私行为。该行为的处罚规则在2025年《治安管理处罚法》修订时有所变化，具体体现在罚则上，罚款的上限由500元修改为1000元。

隐私是指公民在个人生活中产生的，不愿为他人所知悉的秘密，既包括合法途径知悉的他人隐私，也包括非法知悉的他人隐私。侵犯隐私行为是指使用偷窥、偷拍、窃听方式获取他人隐私，以及散布任何途径获取的他人隐私，尚不够刑事处罚的行为。如果散布隐私行为还存在下列情形的，会面临更重的处罚:（1）给他人正常工作、生活、身心健康、名誉造成较大影响的;（2）利用信息网络散布他人隐私的;（3）多次侵犯他人隐私或者侵犯多人隐私的;（4）其他情节较重的情形。实施散布隐私行为的行为人，将面临5日以下拘留或者1000元以下罚款的处罚；如果存在上述较重情节的，则会处以5日以上10日以下拘留，可以并处1000元以下罚款的处罚。

本案中，张三在未征得王五同意的情况下，拍下王五和其他人的聊天记录并在互联网上传播，严重侵害他人隐私。公安机关最终依法对张三处以拘留5日的处罚。

找法

《中华人民共和国治安管理处罚法》

第五十条 有下列行为之一的，处五日以下拘留或者一千元以下罚款；情节较重的，处五日以上十日以下拘留，可以并处一千元以下罚款：

（一）写恐吓信或者以其他方法威胁他人人身安全的；

（二）公然侮辱他人或者捏造事实诽谤他人的；

（三）捏造事实诬告陷害他人，企图使他人受到刑事追究或者受到治安管理处罚的；

（四）对证人及其近亲属进行威胁、侮辱、殴打或者打击报复的；

（五）多次发送淫秽、侮辱、恐吓等信息或者采取滋扰、纠缠、跟踪等方法，干扰他人正常生活的；

（六）偷窥、偷拍、窃听、散布他人隐私的。

有前款第五项规定的滋扰、纠缠、跟踪行为的，除依照前款规定给予处罚外，经公安机关负责人批准，可以责令其一定期限内禁止接触被侵害人。对违反禁止接触规定的，处五日以上十日以下拘留，可以并处一千元以下罚款。

举一反三

隐私是公民不愿意为他人所知悉的秘密，隐私权作为人格权利的一部分，理应获得法律的保护。任何窥探、散布他人隐私的行为不仅是不道德的，更是违反法律的。通过互联网散布隐私的行为，可能使当事人的隐私被更大范围地不当传播，因而会被法律更严厉地处罚。

37 别人打我我还手了，是互殴还是正当防卫？

遇事

张三和李四同为阳光小区1号楼的住户。一天，两人在小区微信群里发生了争吵，双方一怒之下，相约到楼下面谈，当面解决问题。张三和李四来到楼下后，还没说两句，张三扇了李四一巴掌，李四立刻还手，也给了张三一巴掌，闻讯而来的其他楼层住户立刻把张三和李四拉开，避免双方武力的进一步升级。随后，张三和李四各自去三甲医院看病，诊断证明显示，双方均为面部软组织挫伤。张三和李四的行为违法吗？会面临怎样的处罚？

说法

本案涉及的违法行为是殴打他人的行为。该行为的处罚规则在2025年《治安管理处罚法》修订时有所变化，具体体现在两个方面：一是在罚则上，罚款的金额修改为500元以上1000元以下，情节较轻的罚款金额修改为1000元以下，情节较重的罚款金额修改为1000元以上2000元以下；二是将加重处罚情形下的被侵害对象之一的年龄从60周岁以上修改为70周岁以上。

如果行为人是在以下情形下殴打他人的，可以减轻处罚：（1）被侵害方有过错，且伤害后果较轻的；（2）亲友、邻里或者同事之间因琐事发生纠纷，双方均有过错，且伤害后果较轻的；（3）已满14周岁未成年在校学生初次殴打他人、故意伤害他人身体，悔过态度较好且伤害后果较轻的；（4）因民间纠纷引发且行为人主动赔偿合理费用，伤害后果较轻的；（5）其他情节较轻的情形。实施殴打他人行为的行为人，将面临5日以上10日以下拘留，并处500元以上1000元以下罚款的处罚；有上述较轻情节的，处5日以下拘留或者1000元以下罚款的处罚。

本案中，张三和李四因为观点不合，大打出手，最终两败俱伤。对张三来说，其先动手打了李四一巴掌，会面临行政处罚；对李四来说，虽说是张三先动手，但是其动手的时候，张三的侵害行为已经结束，李四扇张三巴掌不是为了制止张三的行为，而是为了给张三带来伤害，因而，张三和李四的行为都属于殴打他人，均应被公安机关给予行政处罚。

找法

《中华人民共和国治安管理处罚法》

第五十一条 殴打他人的，或者故意伤害他人身体的，处五日以上十日以下拘留，并处五百元以上一千元以下罚款；情节较轻的，处五日以下拘留或者一千元以下罚款。

有下列情形之一的，处十日以上十五日以下拘留，并处一千元以上二千元以下罚款：

（一）结伙殴打、伤害他人的；

（二）殴打、伤害残疾人、孕妇、不满十四周岁的人或者七十周岁以上的人的；

（三）多次殴打、伤害他人或者一次殴打、伤害多人的。

举一反三

很多人认为，别人打了我，我再动手打回去，是正当防卫，不会被处罚。事实上，正当防卫制度的设计，不是为了让人可以肆无忌惮地进行“以血还血，以牙还牙”的同态复仇，而是为了尽量减少被侵害人的损失。正当防卫要求防卫的是正在进行的不法侵害，对于已经结束的不法侵害，再打回去的行为，不能认为是正当防卫，而误以为自己后动手就是“正当防卫”的人，也会因为实施了伤害行为而被行政处罚。

38 猥亵他人会面临怎样的处罚？

遇事

2022年4月10日，阳光公司员工张三带领王五等12名同事到A市参加会议，入住A市阳光酒店。4月11日21时许，张三与同事聚完餐，王五与其他同事将喝醉酒的张三扶回酒店。王五将张三送回酒店615房间休息后，张三不让王五离开，在酒店房间内亲、摸其胸部、脖子等处。后王五向当地公安机关报警。张三会面临怎样的处罚？

说法

本案涉及的违法行为是猥亵他人行为。猥亵是以满足性欲或寻求刺激为目的，违背他人意志，对他人进行搂抱、亲吻、抚摸等行为。猥亵以及被猥亵的人都没有性别限制，可以是男性，也可以是女性，可以是异性，也可以是同性。另外，猥亵行为不要求双方一定要有身体接触，行为人可以采取语言、动作等方式对被侵害人猥亵，不要求以身体接触为条件。

行为人在猥亵他人的同时，如果还有下列情形的，会面临更重的处罚：（1）在公共场所猥亵他人的；（2）猥亵多人的；（3）其他情节严重的情形。实施猥亵他人行为的行为人，将面临5日以上10日以下拘留的处罚；猥亵精神病人、智力残疾人、不满14周岁的人或者有上述其他严重情节的，将面临10日以上15日以下拘留的处罚。

猥亵行为与侮辱行为比较容易混淆，事实上，它们有以下区别：一是行为目的不同。猥亵行为的目的是满足性欲或寻求刺激，而侮辱他人行为的目的是贬损他人人格，毁坏他人名誉。二是被侵害人是否在同一现场的区别。猥亵行为的被侵害人和行为人一定同处一个空间，而侮辱他人行为的被侵害人不要求和行为人同处一个空间，行为人可以在被侵害人背后进行语言侮辱。

本案中，张三一直向民警声称自己处于醉酒状态，对当时的事情毫无印象。民警将相关物证送检，鉴定报告显示，在王五的胸部、脖子等处提取到张三的DNA。面对铁一般的事实，张三无法再狡辩。最终，张三因猥亵他人被处以拘留5日的处罚。

找法

《中华人民共和国治安管理处罚法》

第十五条第一款 醉酒的人违反治安管理的，应当给予处罚。

第五十二条 猥亵他人的，处五日以上十日以下拘留；猥亵精神病人、智力残疾人、不满十四周岁的人或者有其他严重情节的，处十日以上十五日以下拘留。

在公共场所故意裸露身体隐私部位的，处警告或者五百元以下罚款；情节恶劣的，处五日以上十日以下拘留。

《中华人民共和国妇女权益保障法》

第二十三条 禁止违背妇女意愿，以言语、文字、图像、肢体行为等方式对其实施性骚扰。

受害妇女可以向有关单位和国家机关投诉。接到投诉的有关单位和国家机关应当及时处理，并书面告知处理结果。

受害妇女可以向公安机关报案，也可以向人民法院提起民事诉讼，依法请求行为人承担民事责任。

举一反三

在公共场所故意裸露身体的行为的处罚规则在2025年《治安管理处罚法》修订时也有较大变化，主要体现在两个方面：一是将“故意裸露身体”修改为“故意裸露身体隐私部位”；二是增加了在公共场所故意裸露身体行为一般情节的处罚，即警告或者500元以下罚款。在实践中，在公共场所故意裸露身体行为有下列情形之一的，属于“情节恶劣”：（1）造成现场秩序混乱等危害后果或者较大社会影响的；（2）在有多名异性或者未成年人的公共场所故意裸露身体的；（3）经制止拒不改正的；（4）伴随挑逗性语言或者动作的；（5）其他情节恶劣的情形。

39 保姆虐待老人会面临怎样的处罚？

遇事

张大三雇用了保姆王五，照顾瘫痪在床的父亲张三的日常起居。周末，张大三回家探望父亲张三时发现父亲精神萎靡。张三告诉张大三，保姆王五时常打骂自己，甚至会在白天出去一整天，不给自己做饭。张大三向辖区派出所报警。保姆王五会面临怎样的处罚？

说法

本案涉及的违法行为是负有监护、看护职责的人虐待被监护、看护的人的行为。该行为的处罚规则是2025年《治安管理处罚法》修订时新增的内容。

负有监护、看护职责的人虐待被监护、看护的人的，将面临5日以下拘留或者警告的处罚，有较重情节的，将面临处5日以上10日以下拘留，可以并处1000元以下罚款的处罚。

本案中，保姆王五时常打骂被看护人张三、不给张三做饭的行为属于负有监护、看护职责的人虐待被监护、看护的人的行为。公安机关最终对王五处以拘留5日的处罚。

找法

《中华人民共和国治安管理处罚法》

第五十三条 有下列行为之一的，处五日以下拘留或者警告；情节较重的，处五日以上十日以下拘留，可以并处一千元以下罚款：

（一）虐待家庭成员，被虐待人或者其监护人要求处理的；

（二）对未成年人、老年人、患病的人、残疾人等负有监护、看护职责的人虐待被监护、看护的人的；

（三）遗弃没有独立生活能力的被扶养人的。

《中华人民共和国刑法》

第二百六十条之一 对未成年人、老年人、患病的人、残疾人等负有监护、看护职责的人虐待被监护、看护的人，情节恶劣的，处三年以下有期徒刑或者拘役。

单位犯前款罪的，对单位判处罚金，并对其直接负责的主管人员和其他直接责任人员，依照前款的规定处罚。

有第一款行为，同时构成其他犯罪的，依照处罚较重的规定定罪处罚。

举一反三

法律同样禁止遗弃没有独立生活能力的被扶养人的行为。“没有独立生活能力”是指不具备或者丧失劳动能力，无生活来源而需要他人照顾等情况，包括年老、年幼、患病或者其他没有独立生活能力的人。行为人对没有独立生活能力的被扶养人，依法负有在经济、生活等方面予以供给、照顾、帮助，以维护其正常的生活的义务。“遗弃”是指对于年老、年幼、患病或者其他没有独立生活能力的人，负有扶养义务而拒绝扶养的行为。由于行为人不履行自己的法定义务，可能使被扶养人得不到经济上的保障或者生活上的必要照顾和帮助，生命和健康受到较为严重的威胁和损害。遗弃行为不存在需要被遗弃人要求处理才能处理的情况。

40 被人强迫接受服务了怎么办？

遇事

2024年7月8日，张三以其在阳光市开发区经营的阳光理发店为依托，对行人李四采用谎报服务价格、未经允许即提供服务、不交钱不让走等手段，强迫其在店消费631元。张三违法了吗？会面临怎样的处罚？

说法

本案涉及的违法行为是强迫交易行为。该行为在2025年《治安管理处罚法》修订时有所变化，具体体现在罚则上：罚款金额修改为3000元以上5000元以下，情节较轻的罚款金额修改为1000元以下。

强迫交易行为是指强买强卖商品、强迫他人提供服务或强迫他人接受服务的行为。如果强迫交易行为中存在下列情形的，会因情节较轻而减轻处罚：（1）强迫交易造成直接经济损失较小的；（2）强迫交易数额或者违法所得较少的；（3）强迫他人购买伪劣商品数额或者违法所得较少的；（4）事后主动返还财物或者支付有关费用，取得被侵害人谅解的；（5）其他情节较轻的情形。实施强迫交易行为的行为人，将面临5日以上10日以下拘留，并处3000元以上5000元以下罚款的处罚；存在上述较轻情节的，处5日以下拘留或者1000元以下罚款的处罚。

生活中，也有一些行为是以“交易”为名，实际上行强拿硬要或使用暴力手段获取他人财物之实。因为这些行为实际上是以非法占有为目的，并没有交易目的，因而不宜认定为强迫交易行为，应根据具体行为的性质，判断其是否为抢劫、寻衅滋事等其他行为。

本案中，张三依托阳光理发店，以行人李四为作案对象，通过虚报服务价格、围住李四等手段，强迫李四在理发店内消费，严重损害了消费者的经济利益，严重扰乱市场秩序，造成了恶劣的社会影响，其行为已经构成了强迫交易行为。公安机关最终依法给予张三拘留5日，并处3000元罚款的处罚。

找法

《中华人民共和国治安管理处罚法》

第五十四条 强买强卖商品，强迫他人提供服务或者强迫他人接受服务的，处五日以上十日以下拘留，并处三千元以上五千元以下罚款；情节较轻的，处五日以下拘留或者一千元以下罚款。

《中华人民共和国刑法》

第二百二十六条 以暴力、威胁手段，实施下列行为之一，情节严重的，处三年以下有期徒刑或者拘役，并处或者单处罚金；情节特别严重的，处三年以上七年以下有期徒刑，并处罚金：

（一）强买强卖商品的；

（二）强迫他人提供或者接受服务的；

（三）强迫他人参与或者退出投标、拍卖的；

（四）强迫他人转让或者收购公司、企业的股份、债券或者其他资产的；

（五）强迫他人参与或者退出特定的经营活动的。

《中华人民共和国消费者权益保护法》

第九条 消费者享有自主选择商品或者服务的权利。

消费者有权自主选择提供商品或者服务的经营者，自主选择商品品种或者服务方式，自主决定购买或者不购买任何一种商品、接受或者不接受任何一项服务。

消费者在自主选择商品或者服务时，有权进行比较、鉴别和挑选。

第十条 消费者享有公平交易的权利。

消费者在购买商品或者接受服务时，有权获得质量保障、价格合理、计量正确等公平交易条件，有权拒绝经营者的强制交易行为。

举一反三

公平交易权和自主选择权是消费者的基本权利，强迫交易行为严重损害了消费者的自主选择权和公平交易权，必须受到法律的严惩。如果行为人强迫他人交易的情形特别恶劣，则有可能触犯《刑法》。强迫交易行为，涉嫌下列情形之一的，应以强迫交易罪立案追诉：（1）造成被害人轻微伤或者其他严重后果的；（2）造成直接经济损失2000元以上的；（3）强迫交易3次以上或者强迫3人以上交易的；（4）强迫交易数额1万元以上，或者违法所得数额2000元以上的；（5）强迫他人购买伪劣商品数额5000元以上，或者违法所得数额1000元以上的；（6）其他情节严重的情形。

41 非法倒卖个人信息会面临怎样的处罚?

遇事

2021年6月起，张三通过其社交账号自他人处购买约43条公民个人身份信息（包括公民的动态人脸图等信息）后倒卖。张三获利约4000元。张三的行为违法吗?

说法

本案涉及的违法行为是侵犯公民个人信息的行为。该行为的处罚规则是2025年《治安管理处罚法》修订时新增的内容。

公民个人信息，是指以电子或者其他方式记录的能够单独或者与其他信息结合识别特定自然人身份或者反映特定自然人活动情况的各种信息，包括姓名、身份证件号码、通信联系方式、住址、账号密码、财产状况、行踪轨迹等。实施侵犯公民个人信息的行为人，将面临10日以上15日以下拘留的处罚；较轻情节的，将面临5日以下拘留的处罚。

本案中，张三非法倒卖公民个人信息43条，属于侵犯公民个人信息的行为，公安机关最终对其处以10日拘留的处罚。

找法

《中华人民共和国治安管理处罚法》

第五十六条 违反国家有关规定，向他人出售或者提供个人信息的，处十日以上十五日以下拘留；情节较轻的，处五日以下拘留。

窃取或者以其他方法非法获取个人信息的，依照前款的规定处罚。

《中华人民共和国刑法》

第二百五十三条之一 违反国家有关规定，向他人出售或者提供公民个人信息，情节严重的，处三年以下有期徒刑或者拘役，并处或者单处罚金；情节特别严重的，处三年以上七年以下有期徒刑，并处罚金。

违反国家有关规定，将在履行职责或者提供服务过程中获得的公民个人信息，出售或者提供给他人的，依照前款的规定从重处罚。

窃取或者以其他方法非法获取公民个人信息的，依照第一款的规定处罚。

单位犯前三款罪的，对单位判处罚金，并对其直接负责的主管人员和其他直接责任人员，依照各该款的规定处罚。

举一反三

《刑法》也禁止侵犯公民个人信息的犯罪行为。侵犯公民个人信息行为和侵犯公民个人信息罪的区别在于情节是否严重。非法获取、出售或者提供公民个人信息，具有下列情形之一的，应当认定为《刑法》第253条之一规定的“情节严重”：（1）出售或者提供行踪轨迹信息，被他人用于犯罪的；（2）知道或者应当知道他人利用公民个人信息实施犯罪，向其出售或者提供的；（3）非法获取、出售或者提供行踪轨迹信息、通信内容、征信信息、财产信息50条以上的；（4）非法获取、出售或者提供住宿信息、通信记录、健康生理信息、交易信息等其他可能影响人身、财产安全的公民个人信息500条以上的；（5）非法获取、出售或者提供第3项、第4项规定以外的公民个人信息5000条以上的；（6）数量未达到第3项至第5项规定标准，但是按相应比例合计达到有关数量标准的；（7）违法所得5000元以上的；（8）将在履行职责或者提供服务过程中获得的公民个人信息出售或者提供给他人，数量或者数额达到第3项至第7项规定标准一半以上的；（9）曾因侵犯公民个人信息受过刑事处罚或者2年内受过行政处罚，又非法获取、出售或者提供公民个人信息的；（10）其他情节严重的情形。

42 父母可以私自开拆孩子的邮件吗？

遇事

扫一扫，听案情

说法

本案涉及的违法行为是私自开拆他人邮件、快件的行为。该行为的处罚规则在2025年《治安管理处罚法》修订时有较大变化，主要是将罚则修改为“处警告或者一千元以下罚款”。

实施私自开拆他人邮件、快件的行为的行为人将面临警告或者1000元以下罚款的处罚，情节较重的，会面临5日以上10日以下拘留的处罚。

通信自由是宪法赋予每个人的权利，未成年人也不例外。本案中，赵六妈妈实施了私自开拆他人邮件的行为，该行为是违法行为。在民警的教育下，赵六妈妈知道了自己的行为违法，并真诚地向赵六道歉，表示以后不会再看赵六的信件了，赵六也接受了妈妈的道歉。由于赵六妈妈违法行为情节轻微，并取得了赵六的谅解，公安机关最终决定对赵六妈妈不予处罚。

找法

《中华人民共和国未成年人保护法》

第六十三条 任何组织或者个人不得隐匿、毁弃、非法删除未成年人的信件、日记、电子邮件或者其他网络通讯内容。

除下列情形外，任何组织或者个人不得开拆、查阅未成年人的信件、日记、电子邮件或者其他网络通讯内容：

（一）无民事行为能力未成年人的父母或者其他监护人代未成年人开拆、查阅；

（二）因国家安全或者追查刑事犯罪依法进行检查；

（三）紧急情况下为了保护未成年人本人的人身安全。

《中华人民共和国治安管理处罚法》

第二十条 违反治安管理有下列情形之一的，从轻、减轻或者不予处罚：

（一）情节轻微的；

（二）主动消除或者减轻违法后果的；

（三）取得被侵害人谅解的；

（四）出于他人胁迫或者诱骗的；

（五）主动投案，向公安机关如实陈述自己的违法行为的；

（六）有立功表现的。

第五十七条 冒领、隐匿、毁弃、倒卖、私自开拆或者非法检查他人邮件、快件的，处警告或者一千元以下罚款；情节较重的，处五日以上十日以下拘留。

举一反三

现实中，有很多父母认为只要是为了孩子好，私拆邮件、私自翻阅日记都是正当行为，事实上，这个观点是失之偏颇的。虽然未成年人的监护人担负着抚养教育未成年人的重担，但未成年人和父母终究都是独立的个体，都各自享有宪法赋予的权利，任何人都不能打着“爱”的旗号，肆意侵犯他人的权利。同时，未成年人社会经验少，思想还不够成熟，在遇到一些问题的时候很难找到恰当的方式去处理，需要父母及其他监护人给予必要的指引，父母子女要加强沟通，避免需要看日记才能了解孩子近期思想动态的情况发生。

43 盗窃他人的电动自行车会面临怎样的处罚？

遇事

2022年5月3日，张三报警称，自己停在小区里的电动自行车不见了。报警后，查监控得知是李四采用技术手段盗走了张三的电动自行车。李四将面临怎样的处罚？

说法

本案涉及的违法行为是盗窃行为。该行为的处罚规则在2025年《治安管理处罚法》修订时有所变化，主要体现在罚则上：一是一般情节的罚则从“处五日以上十日以下拘留，可以并处五百元以下罚款”修改为“处五日以上十日以下拘留或者二千元以下罚款”；二是情节较重的罚款上限修改为3000元。

盗窃行为是指以非法占有为目的，用和平方式将他人财物占为己有，尚不够刑事处罚的行为。盗窃行为中如果还存在下列情形的，会面临更重的处罚：（1）盗窃财物价值较大的；（2）盗窃防灾、救灾、救济等特定财物的；（3）在医院盗窃病人或者其亲友财物的；（4）采用破坏性手段盗窃的；（5）组织、控制未成年人、残疾人、孕妇或者哺乳期妇女盗窃的；（6）其他情节较重的情形。实施盗窃行为的行为人，将面临5日以上10日以下拘留或者2000元以下罚款的处罚；存在上述较重情节的，将面临10日以上15日以下拘留，可以并处3000元以下罚款的处罚。

本案为典型的盗窃案件。李四以非法占有为目的，窃取张三停放在小区里的电动自行车，其行为属于盗窃行为。公安机关最终依法给予李四拘留8日的处罚。

找法

《中华人民共和国治安管理处罚法》

第五十八条 盗窃、诈骗、哄抢、抢夺或者敲诈勒索的，处五日以上十日以下拘留或者二千元以下罚款；情节较重的，处十日以上十五日以下拘留，可以并处三千元以下罚款。

《中华人民共和国刑法》

第二百六十四条 盗窃公私财物，数额较大的，或者多次盗窃、入户盗窃、携带凶器盗窃、扒窃的，处三年以下有期徒刑、拘役或者管制，并处或者单处罚金；数额巨大或者有其他严重情节的，处三年以上十年以下有期徒刑，并处罚金；数额特别巨大或者有其他特别严重情节的，处十年以上有期徒刑或者无期徒刑，并处罚金或者没收财产。

举一反三

盗窃公私财物数额较大，行为人认罪、悔罪，退赃、退赔，且具有下列情形之一，情节轻微的，可以不起诉或者免予刑事处罚；必要时，由有关部门予以行政处罚：（1）具有法定从宽处罚情节的；（2）没有参与分赃或者获赃较少且不是主犯的；（3）被害人谅解的；（4）其他情节轻微、危害不大的。

对于偷拿父母钱的行为，获得谅解的，一般不以违法犯罪处理。构成犯罪的，应当酌情从宽。

44 被诈骗了怎么办？

遇事

2021年6月7日，阳光派出所接群众张三报警，称其接到自称公安局工作人员打来的电话，要对其某银行账户的资金流向进行查询，诱导其下载了木马软件对其手机进行控制。据张三说，其银行账户中有资金1500元，因为紧张，其当时没有多想便配合对方的操作，直到挂断电话后，感觉被骗了，随即报警求助。张三的损失还能挽回吗？

说法

本案涉及的违法行为是诈骗行为。该行为的处罚规则在2025年《治安管理处罚法》修订时有所变化，主要体现在罚则上：一是罚则从“处五日以上十日以下拘留，可以并处五百元以下罚款”修改为“处五日以上十日以下拘留或者二千元以下罚款”；二是情节较重的罚款上限修改为“三千元”。

诈骗行为是指以非法占有为目的，采用虚构事实或隐瞒真相的方式，使被侵害人陷入错误认识，并因该错误认识将财产错误交付给行为人，行为人因此获得该财产，尚不够刑事处罚的行为。如果存在以下情况，诈骗行为人会面临更重的处罚：（1）诈骗财物价值较大的；（2）诈骗防灾、救灾、救济等特定财物的；（3）在公共场所或者公共交通工具上设局行骗的；（4）以开展慈善活动名义实施诈骗的；（5）其他情节较重的情形。实施诈骗行为的行为人，将面临5日以上10日以下拘留或者2000元以下罚款的处罚；存在上述较重情节的，将面临10日以上15日以下拘留，可以并处3000元以下罚款的处罚。

那什么样的诈骗行为会构成诈骗罪呢？入罪的标准主要是数额。诈骗公私财物价值3000元至1万元以上、3万元至10万元以上、50万元以上的，应当分别认定为《刑法》规定的“数额较大”“数额巨大”“数额特别巨大”。

各省、自治区、直辖市高级人民法院、人民检察院可以结合本地区经济社会发展状况，在前述规定的数额幅度内，共同研究确定本地区执行的具体数额标准，报最高人民法院、最高人民检察院备案。

诈骗近亲属的财物，近亲属谅解的，一般可不按犯罪处理。诈骗近亲属的财物，确有追究刑事责任必要的，具体处理也应酌情从宽。

本案中，张三遭遇到的是电信诈骗。派出所在了解事情经过后，立即启动电诈警情处置预案和措施，经多方努力，张三银行账户内的1500元成功追回，无一分损失。

找法

《中华人民共和国治安管理处罚法》

第五十八条 盗窃、诈骗、哄抢、抢夺或者敲诈勒索的，处五日以上十日以下拘留或者二千元以下罚款；情节较重的，处十日以上十五日以下拘留，可以并处三千元以下罚款。

《中华人民共和国刑法》

第二百六十六条 诈骗公私财物，数额较大的，处三年以下有期徒刑、拘役或者管制，并处或者单处罚金；数额巨大或者有其他严重情节的，处三年以上十年以下有期徒刑，并处罚金；数额特别巨大或者有其他特别严重情节的，处十年以上有期徒刑或者无期徒刑，并处罚金或者没收财产。本法另有规定的，依照规定。

《中华人民共和国反电信网络诈骗法》

第三十八条 组织、策划、实施、参与电信网络诈骗活动或者为电信网络诈骗活动提供帮助，构成犯罪的，依法追究刑事责任。

前款行为尚不构成犯罪的，由公安机关处十日以上十五日以下拘留；没收违法所得，处违法所得一倍以上十倍以下罚款，没有违法所得或者违法所得不足一万元的，处十万元以下罚款。

举一反三

当前，电信网络诈骗犯罪形势依然严峻。为了避免被电信诈骗，请下载安装“国家反诈中心”App，并记牢防诈口诀：家庭情况要保密，涉及钱财需小心；短信诈骗花样多，不予理睬准没错；邮包违禁不要慌，医保欠费要骗你；电信欠费要核实，来电信息需辨清；公安法院来电紧，回拨号码查仔细；亲属出事别轻信，骗取钱财是目的；飞来大奖莫惊喜，让您掏钱洞无底；天上不会掉馅饼，涉钱信息勿轻信；陌生号码不急回，大额汇款要当心；询问信息要警惕，卡号密码需保密；陌生电话勿轻信，以防害人又害己；一旦难分假和真，110咨询最放心。

45 哄抢行为会被处罚吗?

遇事

2025年2月3日，李四将自己在阳光村鱼塘养的100斤左右的鱼捞出，放在鱼塘边一条小河内用渔网续养。当日13时左右，因与李四有矛盾，张三煽动村民哄抢李四续养的鱼，被哄抢的鱼大概有80斤，价值1000元左右。张三也积极参与哄抢。张三会面临怎样的处罚?

说法

本案涉及的违法行为是哄抢行为。该行为的处罚规则在2025年《治安管理处罚法》修订时有所变化，主要体现在罚则上：一是罚则从“处五日以上十日以下拘留，可以并处五百元以下罚款”修改为“处五日以上十日以下拘留或者二千元以下罚款”；二是情节较重的罚款上限修改为3000元。

哄抢行为是行为人利用己方的人数优势，采取起哄、制造混乱等方式，使所有人或管理人无法完全阻止，趁机公然抢走他人财物的行为。哄抢行为影响恶劣，其不但侵犯了他人财物的所有权，还破坏了良好的社会秩序，是法律必须予以打击的行为。如果哄抢行为还伴随着以下情况，则会面临更重的处罚:（1）哄抢防灾、救灾、救济、军用等特定财物的;（2）在自然灾害、交通事故等现场趁机哄抢，不听劝阻的;（3）造成人员受伤或者财物损失较大的;（4）其他情节较重的情形。实施哄抢行为的行为人，将面临5日以上10日以下拘留或者2000元以下罚款的处罚；存在上述较重情节的，将面临10日以上15日以下拘留，可以并处3000元以下罚款的处罚。

本案中，张三煽动村民哄抢他人财物，其行为已构成哄抢公私财物。公安机关最终依法给予张三拘留5日的处罚。

找法

《中华人民共和国治安管理处罚法》

第五十八条 盗窃、诈骗、哄抢、抢夺或者敲诈勒索的，处五日以上十日以下拘留或者二千元以下罚款；情节较重的，处十日以上十五日以下拘留，可以并处三千元以下罚款。

《中华人民共和国刑法》

第二百六十八条 聚众哄抢公私财物，数额较大或者有其他严重情节的，对首要分子和积极参加的，处三年以下有期徒刑、拘役或者管制，并处罚金；数额巨大或者有其他特别严重情节的，处三年以上十年以下有期徒刑，并处罚金。

举一反三

哄抢行为也是有可能触犯《刑法》的。哄抢行为与聚众哄抢罪的区别主要有以下几点：一是数额、情节不同，只有数额较大或者情节严重的行为才能被认定为聚众哄抢罪。二是主体不同，聚众哄抢罪的主体为聚众哄抢中的首要分子和积极参加者。首要分子，是指在集团犯罪或者聚众犯罪中起组织、策划、指挥作用的犯罪分子。积极参加者是指首要分子以外在聚众哄抢中发挥主要作用，哄抢公私财物数额较大或者带头哄抢的人。对于未达到数额较大或者情节严重的哄抢行为，所有参与哄抢的人都应给予其行政处罚；达到数额较大或者情节严重的聚众哄抢行为中除首要分子和积极参与者，其他参与哄抢的人也应给予其行政处罚。

46 抢夺行为会面临怎样的处罚？

遇事

2020年8月12日，张三经事先策划，到阳光珠宝店，以购买银器为由，趁售货员李四不备，将李四拿出供其挑选的1枚银吊坠夺走，逃离现场。2020年8月13日，张三被抓获，公安机关当场查扣赃物银吊坠1枚，并发还被害人。

说法

本案涉及的违法行为是抢夺行为。该行为的处罚规则在2025年《治安管理处罚法》修订时有所变化，主要体现在罚则上：一是罚则从“处五日以上十日以下拘留，可以并处五百元以下罚款”修改为“处五日以上十日以下拘留或者二千元以下罚款”；二是情节较重的罚款上限修改为3000元。

抢夺行为是指公然夺取他人财物，尚不够刑事处罚的行为。抢夺行为如果还伴随着下列情形，则会面临更重的处罚：（1）抢夺财物价值较高的；（2）抢夺防灾、救灾、救济等特定财物的；（3）造成人员受伤或者财物损坏的；（4）抢夺多人财物的；（5）驾驶机动车、非机动车或者其他交通工具实施抢夺的；（6）其他情节较重的情形。实施抢夺行为的行为人，将面临5日以上10日以下拘留或者2000元以下罚款的处罚；存在上述较重情节的，将面临10日以上15日以下拘留，可以并处3000元以下罚款的处罚。

抢夺行为和盗窃行为有时也难以分辨，两者最大的区别在于获得他人财物的暴力程度不同。盗窃行为是采取非暴力的方式非法获得他人财物，而在抢夺行为中，行为人是对财物采取了一定程度的暴力的，但该暴力只针对物，不针对人，如乘人不备，从他人手中夺取物品的行为。

如果达到了数额较大的标准，那么抢夺行为就会升级为《刑法》规定的抢夺罪。抢夺公私财物价值1000元至3000元以上、3万元至8万元以上、20万元至40万元以上的，应当分别认定为《刑法》规定的“数额较大”“数额巨大”“数额特别巨大”。各省、自治区、直辖市高级人民法院、人民检察院可以根据本地区经济发展状况，并考虑社会治安状况，在前款规定的数额幅度内，确定本地区执行的具体数额标准，报最高人民法院、最高人民检察院批准。抢夺公私财物，具有下列情形之一的，“数额较大”的标准按照前述规定标准的50%确定：（1）曾因抢劫、抢夺或者聚众哄抢受过刑事处罚的；（2）1年内曾因抢夺或者哄抢受过行政处罚的；（3）1年内抢夺3次以上的；（4）驾驶机动车、非机动车抢夺的；（5）组织、控制未成年人抢夺的；（6）抢夺老年人、未成年人、孕妇、携带婴幼儿的人、残疾人、丧失劳动能力人的财物的；（7）在医院抢夺病人或者其亲友财物的；（8）抢夺救灾、抢险、防汛、优抚、扶贫、移民、救济款物的；（9）自然灾害、事故灾害、社会安全事件等突发事件期间，在事件发生地抢夺的；（10）导致他人轻伤或者精神失常等严重后果的。

本案中，行为人张三采用乘人不备，夺走财物，非法占有银吊坠，其行为构成抢夺。公安机关最终依法给予张三拘留7日的处罚。

找法

《中华人民共和国治安管理处罚法》

第五十八条 盗窃、诈骗、哄抢、抢夺或者敲诈勒索的，处五日以上十日以下拘留或者二千元以下罚款；情节较重的，处十日以上十五日以下拘留，可以并处三千元以下罚款。

《中华人民共和国刑法》

第二百六十七条第一款 抢夺公私财物，数额较大的，或者多次抢夺的，处三年以下有期徒刑、拘役或者管制，并处或者单处罚金；数额巨大或者有其他严重情节的，处三年以上十年以下有期徒刑，并处罚金；数额特别巨大或者有其他特别严重情节的，处十年以上有期徒刑或者无期徒刑，并处罚金或者没收财产。

举一反三

抢夺公私财物数额较大，但未造成他人轻伤以上伤害，行为人系初犯，认罪、悔罪，退赃、退赔，且具有下列情形之一的，可以认定为犯罪情节轻微，不起诉或者免予刑事处罚；必要时，由有关部门依法予以行政处罚：（1）具有法定从宽处罚情节的；（2）没有参与分赃或者获赃较少，且不是主犯的；（3）被害人谅解的；（4）其他情节轻微、危害不大的。

47 被敲诈勒索了怎么办？

遇事

2025年6月8日，张三因李四给其女友王五发暧昧短信，遂与赵六商量向李四索要钱财。赵六先用微信把李四约至某酒店，以王五醉酒为由让李四开房。进入房间后，赵六借故离开，张三随即闯入，用言语威胁的手段逼迫李四写下1000元的欠条，后实际获得500元。案发后，张三和赵六赔偿了李四的全部损失，均获得谅解。张三和赵六会面临怎样的处罚？

说法

本案涉及的违法行为是敲诈勒索行为。该行为的处罚规则在2025年《治安管理处罚法》修订时有所变化，主要体现在罚则上：一是罚则从“处五日以上十日以下拘留，可以并处五百元以下罚款”修改为“处五日以上十日以下拘留或者二千元以下罚款”；二是情节较重的罚款上限修改为3000元。

敲诈勒索行为是指以非法占有为目的，采取威胁、恫吓等方式，使被侵害人心生恐惧，被迫交出财物，行为人因此获得该财物，尚不够刑事处罚的行为。敲诈勒索行为如果存在下列情况的，会加重处罚：（1）敲诈勒索数额较高的；（2）利用或者冒充国家机关工作人员、军人、新闻工作者等特殊身份敲诈勒索的；（3）敲诈勒索多人的；（4）其他情节较重的情形。实施敲诈勒索行为的行为人，将面临5日以上10日以下拘留或者2000元以下罚款的处罚；存在上述较重情节的，将面临10日以上15日以下拘留，可以并处3000元以下罚款的处罚。

那么，什么样的行为才会构成《刑法》规定的敲诈勒索罪呢？其实，敲诈勒索行为和敲诈勒索罪的区别在于数额和次数上，只有敲诈勒索公私财物数额较大或者多次敲诈勒索的，才构成敲诈勒索罪。这里的多次是指2年敲诈勒索3次以上。敲诈勒索公私财物价值2000元至5000元以上、3万元至10万元以上、30万元至50万元以上的，应当分别认定为《刑法》第274条规定的“数额较大”“数额巨大”“数额特别巨大”。各省、自治区、直辖市高级人民法院、人民检察院可以根据本地区经济发展状况和社会治安状况，在前款规定的数额幅度内，共同研究确定本地区执行的具体数额标准，报最高人民法院、最高人民检察院批准。敲诈勒索公私财物，具有下列情形之一的，“数额较大”的标准可以按照前述规定标准的50%确定：（1）曾因敲诈勒索受过刑事处罚的；（2）1年内曾因敲诈勒索受过行政处罚的；（3）对未成年人、残疾人、老年人或者丧失劳动能力人敲诈勒索的；（4）以将要实施放火、爆炸等危害公共安全犯罪或者故意杀人、绑架等严重侵犯公民人身权利犯罪相威胁敲诈勒索的；（5）以黑恶势力名义敲诈勒索的；（6）利用或者冒充国家机关工作人员、军人、新闻工作者等特殊身份敲诈勒索的；（7）造成其他严重后果的。2年内敲诈勒索3次以上的，应当认定为“多次敲诈勒索”。

本案中，行为人张三、赵六经共同预谋，采用语言威胁的方式，让李四产生恐惧心理，李四因为恐惧而写下欠条，并实际支付了500元，张三、赵六的行为构成了敲诈勒索。公安机关最终依法给予张三拘留10日的处罚，给予赵六拘留8日的处罚。

找法

《中华人民共和国治安管理处罚法》

第五十八条 盗窃、诈骗、哄抢、抢夺或者敲诈勒索的，处五日以上十日以下拘留或者二千元以下罚款；情节较重的，处十日以上十五日以下拘留，可以并处三千元以下罚款。

《中华人民共和国刑法》

第二百七十四条 敲诈勒索公私财物，数额较大或者多次敲诈勒索的，处三年以下有期徒刑、拘役或者管制，并处或者单处罚金；数额巨大或者有其他严重情节的，处三年以上十年以下有期徒刑，并处罚金；数额特别巨大或者有其他特别严重情节的，处十年以上有期徒刑，并处罚金。

举一反三

敲诈勒索数额较大，行为人认罪、悔罪，退赃、退赔，并具有下列情形之一的，可以认定为犯罪情节轻微，不起诉或者免予刑事处罚，由有关部门依法予以行政处罚：(1) 具有法定从宽处罚情节的；(2) 没有参与分赃或者获赃较少且不是主犯的；(3) 被害人谅解的；(4) 其他情节轻微、危害不大的。

敲诈勒索近亲属的财物，获得谅解的，一般不认为是犯罪；认定为犯罪的，应当酌情从宽处理。

48 故意损坏别人的东西，会被行政处罚吗？

遇事

张三与张大系同村村民。2022年1月15日，张大与张三就建房问题产生纠纷，张三到张大家未竣工的楼房处，持大锤将该楼房二层的部分柱子砸坏。经价格认定中心鉴定，受损部分价值为882元。张三会面临怎样的处罚？

说法

本案涉及的违法行为是故意损坏他人财物的行为。该行为的处罚规则在2025年《治安管理处罚法》修订时有较大变化，主要体现在罚则上：一是罚则从“处五百元以上一千元以下罚款”修改为“处五日以下拘留或者一千元以下罚款”；二是情节较重的罚款上限修改为“处五日以上十日以下拘留，可以并处三千元以下罚款”。

故意损坏他人财物的行为是指损坏、毁灭公私财物，尚不够刑事处罚的行为。故意损坏他人财物，如果还伴随有下列情形的，会面临更重的处罚：（1）故意损毁财物价值较大的；（2）故意损毁防灾、救灾、救济等特定财物的；（3）故意损毁财物，对被侵害人生产、生活影响较大的；（4）损毁多人财物的；（5）其他情节较重的情形。故意损坏他人财物的，将面临5日以下拘留或者1000元以下罚款；存在上述较重情节的，将面临5日以上10日以下拘留，可以并处3000元以下罚款的处罚。

本案中，张三持大锤故意将张大家的柱子砸坏，其行为构成故意损坏他人财物，公安机关最终依法给予其拘留5日的处罚，并收缴了张三使用的大锤。

找法

《中华人民共和国治安管理处罚法》

第五十九条 故意损毁公私财物的，处五日以下拘留或者一千元以下罚款；情节较重的，处五日以上十日以下拘留，可以并处三千元以下罚款。

《中华人民共和国刑法》

第二百七十五条 故意毁坏公私财物，数额较大或者有其他严重情节的，处三年以下有期徒刑、拘役或者罚金；数额巨大或者有其他特别严重情节的，处三年以上七年以下有期徒刑。

举一反三

故意毁坏财物数额较大、价值较高的，则会构成《刑法》规定的故意毁坏财物罪。故意毁坏财物罪的立案追诉标准为：（1）造成公私财物损失5000元以上的；（2）毁坏公私财物3次以上的；（3）纠集3人以上公然毁坏公私财物的；（4）其他情节严重的情形。对于达到该标准的故意毁坏财物行为，应予以刑事立案侦查；对于未达到该标准的故意毁坏财物行为，应予以治安处罚。

49 遭遇同学欺凌怎么办?

遇事

张三(14岁)和李四(15岁)均为A市中学的学生,两人是同桌关系。在同桌期间,张三因琐事对李四心生不满,召集全班同学孤立李四。2024年8月14日,张三带着同学王五(15岁)将李四堵在厕所,轮流扇李四耳光,期间王五拍摄了视频。后视频被张三上传到网上,舆论哗然。后经公安机关调查,网传未成年人欺凌视频内容属实。张三、王五会被处罚吗?

说法

本案涉及的违法行为是学生欺凌。2025年《治安管理处罚法》修订时,明确了学生欺凌的处理方式:以殴打、侮辱、恐吓等方式实施学生欺凌,违反治安管理的,公安机关依法给予治安管理处罚,或者采取相应矫治教育等措施。

学生欺凌,是指发生在学生之间,一方蓄意或者恶意通过肢体、语言及网络等手段实施欺压、侮辱,造成另一方人身伤害、财产损失或者精神损害的行为。对实施学生欺凌的行为人,应根据实际情况确定具体违法行为,如以殴打他人方式实施欺凌的,则可能涉嫌殴打他人、寻衅滋事等行为;以侮辱他人方式实施欺凌的,则可能涉嫌侮辱行为;以恐吓他人方式实施欺凌的,则可能涉嫌敲诈勒索行为。对于实施学生欺凌的行为人除根据《治安管理处罚法》给予行政处罚外,还要根据《预防未成年人犯罪法》采取相应的矫治教育等措施。

对有严重不良行为的未成年人,公安机关可以根据具体情况,采取以下矫治教育措施:(1)予以训诫;(2)责令赔礼道歉、赔偿损失;(3)责令具结悔过;(4)责令定期报告活动情况;(5)责令遵守特定的行为规范,不得实施特定行为、接触特定人员或者进入特定场所；（6）责令接受心理辅导、行为矫治；（7）责令参加社会服务活动；（8）责令接受社会观护，由社会组织、有关机构在适当场所对未成年人进行教育、监督和管束；（9）其他适当的矫治教育措施。公安机关在对未成年人进行矫治教育时，可以根据需要邀请学校、居民委员会、村民委员会以及社会工作服务机构等社会组织参与。未成年人的父母或者其他监护人应当积极配合矫治教育措施的实施，不得妨碍阻挠或者放任不管。

本案中，张三带领王五以殴打方式对李四进行欺凌，两人的行为均已构成殴打他人。公安机关最终依法对张三作出拘留8日，并处600元罚款的处罚；对王五作出拘留5日，并处500元罚款的处罚。

找法

《中华人民共和国治安管理处罚法》

第十二条 已满十四周岁不满十八周岁的人违反治安管理的，从轻或者减轻处罚；不满十四周岁的人违反治安管理的，不予处罚，但是应当责令其监护人严加管教。

第二十三条 违反治安管理行为人有下列情形之一，依照本法应当给予行政拘留处罚的，不执行行政拘留处罚：

（一）已满十四周岁不满十六周岁的；

（二）已满十六周岁不满十八周岁，初次违反治安管理的；

（三）七十周岁以上的；

（四）怀孕或者哺乳自己不满一周岁婴儿的。

前款第一项、第二项、第三项规定的行为人违反治安管理情节严重、影响恶劣的，或者第一项、第三项规定的行为人在一年以内二次以上违反治安管理的，不受前款规定的限制。

第六十条 以殴打、侮辱、恐吓等方式实施学生欺凌，违反治安管理的，公安机关应当依照本法、《中华人民共和国预防未成年人犯罪法》的规定，给予治安管理处罚、采取相应矫治教育等措施。

学校违反有关法律法规规定，明知发生严重的学生欺凌或者明知发生其他侵害未成年学生的犯罪，不按规定报告或者处置的，责令改正，对其直接负责的主管人员和其他直接责任人员，建议有关部门依法予以处分。

《中华人民共和国预防未成年人犯罪法》

第四十一条 对有严重不良行为的未成年人，公安机关可以根据具体情况，采取以下矫治教育措施：

（一）予以训诫；

（二）责令赔礼道歉、赔偿损失；

（三）责令具结悔过；

（四）责令定期报告活动情况；

（五）责令遵守特定的行为规范，不得实施特定行为、接触特定人员或者进入特定场所；

（六）责令接受心理辅导、行为矫治；

（七）责令参加社会服务活动；

（八）责令接受社会观护，由社会组织、有关机构在适当场所对未成年人进行教育、监督和管束；

（九）其他适当的矫治教育措施。

《中华人民共和国未成年人保护法》

第三十九条 学校应当建立学生欺凌防控工作制度，对教职员工、学生等开展防治学生欺凌的教育和培训。

学校对学生欺凌行为应当立即制止，通知实施欺凌和被欺凌未成年学生的父母或者其他监护人参与欺凌行为的认定和处理；对相关未成年学生及时给予心理辅导、教育和引导；对相关未成年学生的父母或者其他监护人给予必要的家庭教育指导。

对实施欺凌的未成年学生，学校应当根据欺凌行为的性质和程度，依法加强管教。对严重的欺凌行为，学校不得隐瞒，应当及时向公安机关、教育行政部门报告，并配合相关部门依法处理。

举一反三

预防学生欺凌工作中，学校也是非常重要的一环。学校接到关于学生欺凌报告的，应当立即开展调查，认为可能构成欺凌的，应当及时提交学生欺凌治理组织认定和处置，并通知相关学生的家长参与欺凌行为的认定和处理。认定构成欺凌的，应当对实施或者参与欺凌行为的学生作出教育惩戒或者纪律处分，并对其家长提出加强管教的要求，必要时，可以由法治副校长、辅导员对学生及其家长进行训导、教育。对违反治安管理或者涉嫌犯罪等严重欺凌行为，学校不得隐瞒，应当及时向公安机关、教育行政部门报告，并配合相关部门依法处理。不同学校学生之间发生的学生欺凌事件，应当在主管教育行政部门的指导下建立联合调查机制，进行认定和处理。

四

妨害社会管理的行为

50 阻碍国家机关工作人员执行公务会面临怎样的处罚?

遇事

2024年6月13日14时，张三因涉嫌寻衅滋事被传唤至阳光派出所。当日16时，张三在接受民警李四、王五询问调查时，在民警明确告知其传唤调查程序尚未终结的情况下，张三仍不听从民警劝阻，执意离开传唤地点，并在民警对其进行阻拦时，推搡民警李四。随后，阳光派出所对张三涉嫌阻碍执行职务一案予以受理。张三会面临怎样的处罚?

说法

本案涉及的违法行为是阻碍执行职务的行为。该行为的处罚规则在2025年《治安管理处罚法》修订时有所变化，具体体现在罚则上，罚款的上限由200元修改为500元，情节较重的罚款的上限由500元修改为1000元。

如果阻碍执行职务的行为中，还存在下列情形，会面临更重的处罚:（1）不听执法人员制止的;（2）造成人员受伤、财物损失等危害后果的;（3）在公共场所或者公共交通工具上阻碍执行职务的;（4）以驾驶机动车冲闯检查卡点等危险方法阻碍执行任务的;（5）其他情节严重的情形。实施阻碍执行职务行为的行为人，将面临警告或者500元以下罚款；存在上述严重情节的，将面临5日以上10日以下拘留，可以并处1000元以下罚款的处罚。阻碍人民警察依法执行职务的，从重处罚。

本案中，张三在传唤调查程序尚未终结的情况下，不听从民警劝阻，执意离开传唤地点，并在民警对其进行阻拦时推搡民警李四，其行为属于阻碍国家机关工作人员执行职务，公安机关最终依法对其作出拘留10日的决定。

找法

《中华人民共和国治安管理处罚法》

第六十一条 有下列行为之一的，处警告或者五百元以下罚款；情节严重的，处五日以上十日以下拘留，可以并处一千元以下罚款：

（一）拒不执行人民政府在紧急状态情况下依法发布的决定、命令的；

（二）阻碍国家机关工作人员依法执行职务的；

（三）阻碍执行紧急任务的消防车、救护车、工程抢险车、警车或者执行上述紧急任务的专用船舶通行的；

（四）强行冲闯公安机关设置的警戒带、警戒区或者检查点的。

阻碍人民警察依法执行职务的，从重处罚。

《中华人民共和国刑法》

第二百七十七条 以暴力、威胁方法阻碍国家机关工作人员依法执行职务的，处三年以下有期徒刑、拘役、管制或者罚金。

以暴力、威胁方法阻碍全国人民代表大会和地方各级人民代表大会代表依法执行代表职务的，依照前款的规定处罚。

在自然灾害和突发事件中，以暴力、威胁方法阻碍红十字会工作人员依法履行职责的，依照第一款的规定处罚。

故意阻碍国家安全机关、公安机关依法执行国家安全工作任务，未使用暴力、威胁方法，造成严重后果的，依照第一款的规定处罚。

暴力袭击正在依法执行职务的人民警察的，处三年以下有期徒刑、拘役或者管制；使用枪支、管制刀具，或者以驾驶机动车撞击等手段，严重危及其人身安全的，处三年以上七年以下有期徒刑。

举一反三

阻碍执行职务行为打击的是阻碍国家机关工作人员执行职务的行为，那么，如果行为人阻碍事业编制人员执行职务，要怎么处理呢？根据相关法律文件精神，对于以暴力、威胁方法阻碍国有事业单位人员依照法律、行政法规的规定执行行政执法职务的，或者以暴力、威胁方法阻碍国家机关中受委托从事行政执法活动的事业编制人员执行行政执法职务的，可以对侵害人以妨害公务罪追究刑事责任。

51 阻碍消防车通行会面临怎样的处罚？

遇事

2022年9月19日，阳光市A区阳光中心D座一部电梯因停电无法正常运行，有人员被困。接警后，消防救援站立即赶赴现场救援。当消防救援人员到达小区门口时，发现一辆黑色私家车停放在消防车通道上，导致消防车无法通行。消防救援人员迅速下车寻找车主，并立即组织人员步行携带装备器材进入人员被困现场进行救援，同时联系物业找寻车主。随后，消防救援人员迅速联系交警部门，对该车辆进行拖移，并联系车主，确保消防车通道畅通。后查明，车主为张三，张三对占用消防通道、阻碍消防车通行的违法事实供认不讳。张三会面临怎样的处罚？

说法

本案涉及的违法行为是阻碍特种车辆通行的行为。该行为的处罚规则在2025年《治安管理处罚法》修订时主要有两处变化：一是增加了特种车辆的范围，增加了“执行上述紧急任务的专用船舶”；二是修改了罚则上，罚款的上限由200元修改为500元，情节较重的罚款的上限由500元修改为1000元。

阻碍特种车辆通行的行为是指阻碍执行紧急任务的消防车、救护车、工程抢险车、警车或者执行上述紧急任务的专用船舶通行，尚不够刑事处罚的行为。为了更好地打击此类违法行为，如果阻碍特种车辆通行行为还伴随着下列情形，会面临更重的处罚：（1）不听执法人员制止的；（2）造成人员受伤、财物损失等危害后果的；（3）其他情节严重的情形。实施阻碍特种车辆通行行为的行为人，将面临警告或者500元以下罚款的处罚；存在上述严重情节的，将面临5日以上10日以下拘留，可以并处1000元以下罚款的处罚。

本案中，张三占用消防通道、阻碍消防车通行的行为，构成阻碍特种车辆通行的行为，被公安机关依法处以拘留5日，并处罚款500元的处罚。

找法

《中华人民共和国治安管理处罚法》

第六十一条 有下列行为之一的，处警告或者五百元以下罚款；情节严重的，处五日以上十日以下拘留，可以并处一千元以下罚款：

（一）拒不执行人民政府在紧急状态情况下依法发布的决定、命令的；

（二）阻碍国家机关工作人员依法执行职务的；

（三）阻碍执行紧急任务的消防车、救护车、工程抢险车、警车或者执行上述紧急任务的专用船舶通行的；

（四）强行冲闯公安机关设置的警戒带、警戒区或者检查点的。

阻碍人民警察依法执行职务的，从重处罚。

《中华人民共和国消防法》

第六十条 单位违反本法规定，有下列行为之一的，责令改正，处五千元以上五万元以下罚款：

（一）消防设施、器材或者消防安全标志的配置、设置不符合国家标准、行业标准，或者未保持完好有效的；

（二）损坏、挪用或者擅自拆除、停用消防设施、器材的；

（三）占用、堵塞、封闭疏散通道、安全出口或者有其他妨碍安全疏散行为的；

（四）埋压、圈占、遮挡消火栓或者占用防火间距的；

（五）占用、堵塞、封闭消防车通道，妨碍消防车通行的；

（六）人员密集场所在门窗上设置影响逃生和灭火救援的障碍物的；

（七）对火灾隐患经消防救援机构通知后不及时采取措施消除的。

个人有前款第二项、第三项、第四项、第五项行为之一的，处警告或者五百元以下罚款。

有本条第一款第三项、第四项、第五项、第六项行为，经责令改正拒不改正的，强制执行，所需费用由违法行为人承担。

举一反三

消防车承担的是被困人员生还的希望，多耽误一分钟，可能就有一条生命消逝。因而，为消防车留下生命通道，是我们每一位公民应尽的义务。

消防车、消防艇执行火灾扑救或者应急救援任务时，在确保安全的前提下，不受行驶速度、行驶路线、行驶方向和指挥信号的限制，其他车辆、船舶以及行人应当让行，不得穿插超越；收费公路、桥梁免收车辆通行费。交通管理指挥人员应当保证消防车、消防艇迅速通行。赶赴火灾现场或者应急救援现场的消防人员和调集的消防装备、物资，需要铁路、水路或者航空运输的，有关单位应当优先运输。

52 冒充现役军人招摇撞骗会面临怎样的处罚？

遇事

2020年12月，张三从互联网上购买迷彩服、作战靴、肩章、迷彩帽、迷彩包等服饰，谎称自己为某部队现役军人，编造假名，通过社交软件获取李四的信任，骗取李四钱款315元。张三将面临怎样的处罚？

说法

本案涉及的违法行为是招摇撞骗行为。招摇撞骗行为是指冒充国家机关工作人员或者以其他虚假身份招摇撞骗，尚不够刑事处罚的行为。如果招摇撞骗行为存在下列情形之一的，可以减轻处罚：（1）社会影响较小，未取得实际利益的；（2）未造成当事人财物损失或者其他危害后果的；（3）其他情节较轻的情形。冒充国家机关工作人员或者以其他虚假身份招摇撞骗，造成较大社会影响或者其他损害后果的，不适用上述情形。

实施招摇撞骗行为的行为人将面临10日以上15日以下拘留，可以并处1000元以下罚款的处罚；存在上述较轻情节的，行政处罚降为5日以上10日以下拘留。冒充军警人员招摇撞骗的，从重处罚。

同样是利用优势地位“要钱”，招摇撞骗行为和敲诈勒索行为有什么区别呢？区别主要在于以下三点：一是被侵害人交付财产的心态不同，招摇撞骗行为的被侵害人在交付财产时是出于“自愿”的心态，而敲诈勒索行为的被侵害人在交付财产时是出于恐惧的心态被迫交付。二是侵犯的客体不同。招摇撞骗行为侵犯的客体主要是国家机关的权威及其对社会的正常管理活动，而敲诈勒索行为侵犯的客体为他人财产所有权。三是行为目的不同。敲诈勒索行为的目的是非法占有他人财产，而招摇撞骗行为的目的不限于此。

本案中，张三为获取非法利益，冒充现役军人骗取他人财物，其行为已经构成招摇撞骗，并且由于其冒充现役军人招摇撞骗，要从重处罚。公安机关最终依法给予其拘留10日，并处500元罚款的处罚。

找法

《中华人民共和国治安管理处罚法》

第六十二条 冒充国家机关工作人员招摇撞骗的，处十日以上十五日以下拘留，可以并处一千元以下罚款；情节较轻的，处五日以上十日以下拘留。

冒充军警人员招摇撞骗的，从重处罚。

盗用、冒用个人、组织的身份、名义或者以其他虚假身份招摇撞骗的，处五日以下拘留或者一千元以下罚款；情节较重的，处五日以上十日以下拘留，可以并处一千元以下罚款。

《中华人民共和国刑法》

第二百七十九条 冒充国家机关工作人员招摇撞骗的，处三年以下有期徒刑、拘役、管制或者剥夺政治权利；情节严重的，处三年以上十年以下有期徒刑。

冒充人民警察招摇撞骗的，依照前款的规定从重处罚。

第三百七十二条 冒充军人招摇撞骗的，处三年以下有期徒刑、拘役、管制或者剥夺政治权利；情节严重的，处三年以上十年以下有期徒刑。

《中华人民共和国国家情报法》

第三十条 冒充国家情报工作机构工作人员或者其他相关人员实施招摇撞骗、诈骗、敲诈勒索等行为的，依照《中华人民共和国治安管理处罚法》

的规定处罚；构成犯罪的，依法追究刑事责任。

举一反三

招摇撞骗行为与诈骗行为也容易混淆，因为两者都有“欺骗”行为，但两者的区别也是很明显的。一是侵害的客体不同。招摇撞骗行为侵犯的客体主要是国家机关的权威及其对社会的正常管理活动，而诈骗行为侵犯的客体是他人财产所有权。二是行为手段不同。招摇撞骗行为的手段只限于冒充国家机关工作人员或者以其他虚假身份行骗，而诈骗行为的手段包括任何虚构事实、隐瞒真相的手段和方式。三是行为目的不同。诈骗行为的目的是非法占有他人财产，而招摇撞骗行为的目的不限于获得他人财产，可以是任何目的。

53 倒卖车票会面临怎样的处罚？

遇事

扫一扫，听案情

说法

本案涉及的违法行为是伪造、变造、倒卖有价票证、凭证的行为。该行为的处罚规则在2025年《治安管理处罚法》修订时有所变化，具体体现在罚则上，罚款的上限由1000元修改为5000元，情节较轻的罚款的上限由500元修改为3000元。

伪造、变造、倒卖有价票证、凭证的行为是指伪造、变造或者倒卖车票、船票、航空客票、文艺演出票、体育比赛入场券或者其他有价票证、凭证，尚不够刑事处罚的行为。如果实施上述行为，获利较少的，可以减轻处罚。具体是指以下几种情况：（1）伪造有价票证、凭证的票面数额、数量或者非法获利较少的；（2）倒卖车票、船票票面数额或者非法获利较少的；（3）其他情节较轻的情形。

伪造、变造、倒卖有价票证、凭证的行为人，将面临10日以上15日以下拘留，可以并处5000元以下罚款的处罚；有上述较轻情节的，处罚降为5日以上10日以下拘留，可以并处3000元以下罚款。

本案中，张三将一张票价为232元的硬卧火车票，以330元的价格向李四倒卖，非法获利98元，被民警当场抓获，公安机关最终依法给予张三拘留7日的处罚。

找法

《中华人民共和国治安管理处罚法》

第六十三条 有下列行为之一的，处十日以上十五日以下拘留，可以并处五千元以下罚款；情节较轻的，处五日以上十日以下拘留，可以并处三千元以下罚款：

（一）伪造、变造或者买卖国家机关、人民团体、企业、事业单位或者其他组织的公文、证件、证明文件、印章的；

（二）出租、出借国家机关、人民团体、企业、事业单位或者其他组织的公文、证件、证明文件、印章供他人非法使用的；

（三）买卖或者使用伪造、变造的国家机关、人民团体、企业、事业单位或者其他组织的公文、证件、证明文件、印章的；

（四）伪造、变造或者倒卖车票、船票、航空客票、文艺演出票、体育比赛入场券或者其他有价票证、凭证的；

（五）伪造、变造船舶户牌，买卖或者使用伪造、变造的船舶户牌，或者涂改船舶发动机号码的。

《中华人民共和国刑法》

第二百二十七条 伪造或者倒卖伪造的车票、船票、邮票或者其他有价票证，数额较大的，处二年以下有期徒刑、拘役或者管制，并处或者单处票证价额一倍以上五倍以下罚金；数额巨大的，处二年以上七年以下有期徒刑，并处票证价额一倍以上五倍以下罚金。

倒卖车票、船票，情节严重的，处三年以下有期徒刑、拘役或者管制，并处或者单处票证价额一倍以上五倍以下罚金。

举一反三

为了打击“黄牛”这种扰乱市场经济秩序的行为，《刑法》也规定了倒卖车票、船票罪。那么如何判断“黄牛”倒卖车票的行为是属于伪造、变造、倒卖有价票证、凭证的行为，还是倒卖车票、船票罪？具体判断标准如下：一是倒卖的对象不同，倒卖车票、船票罪的对象仅指车票和船票，伪造、变造、倒卖有价票证、凭证的行为还包括其他有价票证。二是数额和情节不同，倒卖车票、船票票面数额累计5000元以上、非法获利累计2000元以上或者有其他严重情节的，应按倒卖车票、船票罪追诉，未达到立案标准的，应给予行政处罚。

54 船舶可以开进禁入水域吗？

遇事

2021年8月9日，张三驾驶小型渔船出海作业，不小心驶入了禁入水域，刚驶入禁入水域不久，便被巡逻船只发现，张三被驱离了禁入水域。张三将面临怎样的处罚？

说法

本案涉及的违法行为是驾船擅自进入、停靠国家禁止、限制进入的水域、岛屿的行为。该行为的处罚规则在2025年《治安管理处罚法》修订时有所变化，具体体现在罚则上，其罚则修改为“一千元以上二千元以下罚款；情节严重的，处五日以下拘留，可以并处二千元以下罚款”。

驾船擅自进入、停靠国家禁止、限制进入的水域、岛屿的行为，有下列情形之一的，会面临更重的处罚：（1）不听制止，强行进入、停靠的；（2）经责令离开而拒不驶离的；（3）其他情节严重的情形。

实施驾船擅自进入、停靠国家禁止、限制进入的水域、岛屿的行为的，对船舶负责人及有关责任人员处1000元以上2000元以下罚款；情节严重的，处5日以下拘留，可以并处2000元以下罚款。

本案中，张三驾船擅自进入国家禁止进入的水域，最终依法被罚款1000元。

找法

《中华人民共和国治安管理处罚法》

第六十四条 船舶擅自进入、停靠国家禁止、限制进入的水域或者岛屿的，对船舶负责人及有关责任人员处一千元以上二千元以下罚款；情节严重的，处五日以下拘留，可以并处二千元以下罚款。

《中华人民共和国海上交通安全法》

第四十四条 船舶不得违反规定进入或者穿越禁航区。

船舶进出船舶报告区，应当向海事管理机构报告船位和动态信息。

在安全作业区、港外锚地范围内，禁止从事养殖、种植、捕捞以及其他影响海上交通安全的作业或者活动。

举一反三

驾船擅自进入、停靠国家禁止、限制进入的水域、岛屿是《治安管理处罚法》规定的违法行为。但是，对于出现意外险情，因避险及其他不可抗力的原因不得已进入国家禁止或者限制进入的水域或岛屿，在原因消除后立即离开，并在抵港后及时向公安边防部门报告的情况，不认为是违法行为，不会受到行政处罚。

55 用已注销的社会组织的名义活动违法吗?

遇事

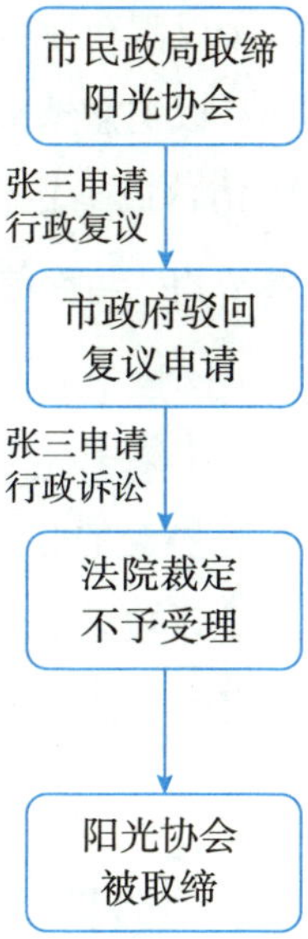

2023年9月起，张三在明知阳光协会被取缔后，仍与李四、王五等人在阳光大厦601室以阳光协会的名义继续组织协会活动。2024年7月10日，张三等人在上述地举行协会活动时，被派出所民警当场抓获。

经查，市民政局于2022年10月17日作出《市民政局关于取缔非法社会组织的公告（一）》，以阳光协会未经登记擅自以社会团体名义开展制定章程、私刻公章、发展成员、非法集会传道等活动为由，对该协会依法予以取缔。阳光协会对该取缔公告不服，于2022年12月17日向市人民政府申请行政复议。市人民政府作出《驳回行政复议申请决定书》，驳回阳光协会提出的行政复议申请。阳光协会又于2023年3月24日向阳光区人民法院提起行政诉讼，要求撤销市民政局作出的取缔阳光协会的决定。阳光区人民法院于2023年3月11日作出《行政裁定书》，裁定对起诉人阳光协会的起诉不予受理。

张三继续以阳光协会的名义举行活动的行为违法吗？会面临怎样的处罚？

说法

本案涉及的违法行为是以被撤销登记或者吊销登记证书的社会组织的名义活动的行为。该行为的处罚规则在2025年《治安管理处罚法》修订时有较大变化：一是增加了“被吊销登记证书的社会组织”的名义活动的行为；二是将“社会团体”扩大为“社会团体、基金会、社会服务机构等社会组织”；三是将罚则修改为“处十日以上十五日以下拘留，可以并处五千元以下罚款；情节较轻的，处五日以上十日以下拘留或者一千元以上三千元以下罚款”。

如果以被撤销登记或者吊销登记证书的社会组织的名义活动的行为还存在以下情形的，可以减轻处罚：（1）尚未造成危害后果或者较大社会影响的；（2）以营利为目的，但获利较少的；（3）其他情节较轻的情形。

以被撤销登记或者吊销登记证书的社会组织的名义活动的行为人，将面临10日以上15日以下拘留，可以并处5000元以下罚款的处罚；有上述较轻情节的，将面临5日以上10日以下拘留或者1000元以上3000元以下罚款的处罚。

本案中，张三明知阳光协会被取缔后，仍与李四等人以未经注册登记的阳光协会的名义继续利用阳光协会进行活动，违反了《治安管理处罚法》，属于以被撤销登记或者吊销登记证书的社会组织的名义活动的行为，公安机关最终依法给予张三拘留10日，并处罚金2000元的处罚。

找法

《中华人民共和国治安管理处罚法》

第六十五条 有下列行为之一的，处十日以上十五日以下拘留，可以并处五千元以下罚款；情节较轻的，处五日以上十日以下拘留或者一千元以上三千元以下罚款：

（一）违反国家规定，未经注册登记，以社会团体、基金会、社会服务机构等社会组织名义进行活动，被取缔后，仍进行活动的；

（二）被依法撤销登记或者吊销登记证书的社会团体、基金会、社会服务机构等社会组织，仍以原社会组织名义进行活动的；

（三）未经许可，擅自经营按照国家规定需要由公安机关许可的行业的。

有前款第三项行为的，予以取缔。被取缔一年以内又实施的，处十日以上十五日以下拘留，并处三千元以上五千元以下罚款。

取得公安机关许可的经营者，违反国家有关管理规定，情节严重的，公安机关可以吊销许可证件。

举一反三

成立社会团体，应当经其业务主管单位审查同意并进行登记。社会团体应当具备法人条件。下列团体不属于《社会团体登记管理条例》规定登记的范围：（1）参加中国人民政治协商会议的人民团体；（2）由国务院机构编制管理机关核定，并经国务院批准免于登记的团体；（3）机关、团体、企业事业单位内部经本单位批准成立、在本单位内部活动的团体。

56 未获公安许可擅自经营会面临怎样的处罚?

遇事

2022年8月2日，A区分局阳光派出所民警在旅馆业全面清理排查中，发现一起未获公安许可擅自经营案。该旅馆的实际经营者张三在未取得经营许可的情况下，擅自招揽5名旅客在该旅店内住宿，被公安机关当场查获。民警在固定证据后，将张三传唤至派出所。经询问，张三对其未获公安许可擅自经营的违法事实供认不讳。

说法

本案涉及的违法行为是未获公安许可擅自经营的行为。该行为的处罚规则在2025年《治安管理处罚法》修订时有所变化，主要体现在罚则上：一是将罚则修改为“处十日以上十五日以下拘留，可以并处五千元以下罚款；情节较轻的，处五日以上十日以下拘留或者一千元以上三千元以下罚款”。二是增加了一种处罚情形，即“被取缔一年以内又实施的，处十日以上十五日以下拘留，并处三千元以上五千元以下罚款”。

未获公安许可擅自经营的行为是指未经许可，擅自经营按照国家规定需要由公安机关许可的行业的行为。按照国家规定需要由公安机关许可的行业，具体是指需要由公安机关许可的旅馆业、典当业、公章刻制业、保安培训业等行业。如果行为人未获公安许可擅自经营的行为存在下列情形，属于情节较轻:（1）经营时间较短且规模较小的;（2）主动停止经营且获利较少的;（3）其他情节较轻的情形。与此同时，如果存在下列情形之一的，公安机关可以吊销许可证件:（1）造成较重危害后果或者较大社会影响的;（2）多次违反国家有关管理规定的;（3）其他情节严重的情形。

未获公安许可擅自经营的行为人，将面临10日以上15日以下拘留，可以并处5000元以下罚款的处罚；有上述较轻情节的，将面临5日以上10日以下拘留或者1000元以上3000元以下罚款的处罚。有上述行为的，予以取缔。被取缔1年以内又实施的，处10日以上15日以下拘留，并处3000元以上5000元以下罚款。情节严重的，公安机关可以吊销许可证件。

取缔该违法个体，要采取相应的措施，如责令停止相关经营活动、进入无证经营场所进行检查、扣押与案件有关的需要作为证据的物品等。在取缔的同时，应当依法收缴非法财物、追缴违法所得。

本案中，张三未经许可，擅自经营旅馆的行为，属于未获公安许可擅自经营行为。公安机关最终依法取缔该旅馆，并对经营人张三作出拘留5日的处罚。

找法

《中华人民共和国治安管理处罚法》

第六十五条 有下列行为之一的，处十日以上十五日以下拘留，可以并处五千元以下罚款；情节较轻的，处五日以上十日以下拘留或者一千元以上三千元以下罚款：

（一）违反国家规定，未经注册登记，以社会团体、基金会、社会服务机构等社会组织名义进行活动，被取缔后，仍进行活动的；

（二）被依法撤销登记或者吊销登记证书的社会团体、基金会、社会服务机构等社会组织，仍以原社会组织名义进行活动的；

（三）未经许可，擅自经营按照国家规定需要由公安机关许可的行业的。

有前款第三项行为的，予以取缔。被取缔一年以内又实施的，处十日以上十五日以下拘留，并处三千元以上五千元以下罚款。

取得公安机关许可的经营者，违反国家有关管理规定，情节严重的，公安机关可以吊销许可证件。

《保安服务管理条例》

第四十一条 任何组织或者个人未经许可，擅自从事保安服务的，依法给予治安管理处罚，并没收违法所得；构成犯罪的，依法追究刑事责任。

举一反三

为什么国家要对旅馆业、典当业、公章刻制业、保安培训业等行业设置更高的入行门槛呢？那是因为这些行业易于被犯罪分子利用，为了维护社会治安，法律为以上特定行业设置了治安许可制度，在获得公安机关颁发的许可证后，方可经营。值得注意的是，旅馆业、典当业以及公章刻制业已经不需要在公安机关处申请到许可证之后才能办理营业执照了，这些行业可以在办理完营业执照，拿到营业许可证之后，再向公安机关申请相关许可证。

57 酒店不实名登记旅客信息会怎么样?

遇事

2022年4月18日10时左右，民警在对阳光酒店检查时发现，8321房间的张三、李四未实名登记。民警询问后得知，8321房间是张三的朋友王五登记的，后王五临时有事离开，实际居住人是张三、李四。后民警将相关人员带回派出所调查处理。阳光酒店违法吗？张三、李四会被处罚吗？

说法

本案涉及的违法行为是不按规定登记住宿旅客信息的行为。该行为的处罚规则在2025年《治安管理处罚法》修订时有较大变化：一是修改了行为主体，将主体从旅馆业的工作人员修改为从事旅馆业经营活动的单位；二是增加了一种处罚情形，即为身份不明、拒绝登记身份信息的人提供住宿服务的行为；三是将罚则修改为“处五百元以上一千元以下罚款”，若情节较轻的，则“处警告或者五百元以下罚款”；四是增加了“妨害反恐怖主义工作进行，违反《中华人民共和国反恐怖主义法》规定的，依照其规定处罚”的内容。

实施不按规定登记住宿旅客信息的行为的旅馆业直接负责的主管人员和其他有直接责任人员，将面临500元以上1000元以下罚款的处罚。如果情节较轻，则面临警告或者500元以下罚款的行政处罚。

酒店是旅人休憩的港湾，但有时也会被不法分子利用，成为违法犯罪的预备地。同时，不法分子为了躲避公安机关的追查，会采用各种方式逃避酒店的实名登记。因而，酒店严格履行实名登记职责，住客积极配合酒店进行实名登记，是在为维护社会秩序稳定做出自己的贡献。本案中，张三、李四以为该房间已经由王五实名登记，自己再入住就不用再登记了。民警对张三、李四进行普法教育，并对未履行实名登记职责的酒店负责人作出罚款800元的处罚。

找法

《中华人民共和国治安管理处罚法》

第六十七条 从事旅馆业经营活动不按规定登记住宿人员姓名、有效身份证件种类和号码等信息的，或者为身份不明、拒绝登记身份信息的人提供住宿服务的，对其直接负责的主管人员和其他直接责任人员处五百元以上一千元以下罚款；情节较轻的，处警告或者五百元以下罚款。

实施前款行为，妨害反恐怖主义工作进行，违反《中华人民共和国反恐怖主义法》规定的，依照其规定处罚。

从事旅馆业经营活动有下列行为之一的，对其直接负责的主管人员和其他直接责任人员处一千元以上三千元以下罚款；情节严重的，处五日以下拘留，可以并处三千元以上五千元以下罚款：

（一）明知住宿人员违反规定将危险物质带入住宿区域，不予制止的；

（二）明知住宿人员是犯罪嫌疑人员或者被公安机关通缉的人员，不向公安机关报告的；

（三）明知住宿人员利用旅馆实施犯罪活动，不向公安机关报告的。

《旅馆业治安管理办法》

第六条 旅馆接待旅客住宿必须登记。登记时，应当查验旅客的身份证件，按规定的项目如实登记。

接待境外旅客住宿，还应当在24小时内向当地公安机关报送住宿登记表。

第十七条 违反本办法第六、十一、十二条规定的，依照《中华人民共和国治安管理处罚法》有关条款的规定，处罚有关人员；发生重大事故、造成严重后果构成犯罪的，依法追究刑事责任。

举一反三

既然实名登记这么重要，那么哪些有效身份证件可以办理住宿登记呢？

根据相关法律法规的规定，中国公民的身份证件主要包括：中华人民共和国居民户口簿、居民身份证、临时居民身份证、护照、海员证、中华人民共和国往来港澳通行证、因公往来香港澳门特别行政区通行证；中国人民解放军、中国人民武装警察部队制发的军官证、警官证、文职干部证、士兵证、学员证；港澳居民来往内地通行证；台湾居民来往大陆通行证、中华人民共和国旅行证。中国公民持上述有效身份证件可以在旅馆办理住宿登记。

对于中国大陆公民未携带有效身份证件确需办理入住的情况，应向住宿地辖区公安派出所申报核实身份，派出所可将该旅客在全国人口信息库中的信息打印并加盖公章后交该旅客，作为办理入住的证明文件。

58 出租房屋需要查验对方的身份信息吗?

遇事

2020年7月1日，民警在例行社区检查时发现，租住在阳光小区的张三为一名涉嫌拒不支付劳动报酬罪的在逃人员，民警当场将张三抓获。经查，张三于2020年4月到A市投靠自己的弟弟，为避免信息暴露，以自己不熟悉地理环境为由，让自己的弟弟给他租了一间房。民警联系到房东李四并依法传唤其至派出所进行询问调查，得知房东李四对租客的身份信息及姓名完全不知情。房东李四违法了吗？会面临怎样的处罚？

说法

本案涉及的违法行为是不按规定登记承租人信息的行为。该行为的处罚规则在2025年《治安管理处罚法》修订时有所变化：一是将条文中的“无身份证件的人”修改为“身份不明、拒绝登记身份信息的人”；二是将罚则修改为“处五百元以上一千元以下罚款”；三是增加了情节较轻的处理。

不按规定登记承租人信息的行为是指房屋出租人不按规定登记承租人的姓名、身份证件种类和号码的行为。实施不按规定登记承租人信息的行为的行为人将面临500元以上1000元以下罚款的处罚。若情节较轻，将面临警告或者500元以下罚款的处罚。除不按规定登记承租人信息行为之外，违法出租房屋行为还包括将房屋出租给无身份证件的人居住行为和明知承租人利用出租屋犯罪不报行为。

本案中，李四在未核实房客身份信息，未登记承租人姓名、身份证件种类和号码的情况下，将房屋租赁给了身份信息不明的人，其行为已经构成了不按规定登记承租人信息行为，公安机关最终依法给予李四罚款500元的处罚。

找法

《中华人民共和国治安管理处罚法》

第六十八条 房屋出租人将房屋出租给身份不明、拒绝登记身份信息的人的，或者不按规定登记承租人姓名、有效身份证件种类和号码等信息的，处五百元以上一千元以下罚款；情节较轻的，处警告或者五百元以下罚款。

房屋出租人明知承租人利用出租房屋实施犯罪活动，不向公安机关报告的，处一千元以上三千元以下罚款；情节严重的，处五日以下拘留，可以并处三千元以上五千元以下罚款。

《中华人民共和国居民身份证法》

第十四条 有下列情形之一的，公民应当出示居民身份证证明身份：

（一）常住户口登记项目变更；

（二）兵役登记；

（三）婚姻登记、收养登记；

（四）申请办理出境手续；

（五）法律、行政法规规定需要用居民身份证证明身份的其他情形。

依照本法规定未取得居民身份证的公民，从事前款规定的有关活动，可以使用符合国家规定的其他证明方式证明身份。

举一反三

虽然法律规定了出租人有查验承租人的义务，但是由于一般人没有很强的确认他人身份信息真假的能力，如果出现承租人使用虚假的身份证件承租房屋的情形，一般不认为是出租人的过错，不会将出租人的行为认定为违法出租房屋的行为。

对于中介或者转租人在租赁房屋时未查验承租人身份信息的情况，由于原出租人在此行为中无过错，因而也不会被认定为违法行为。但应对中介或者转租人未查验承租人身份信息的行为给予行政处罚。另外，转租人转租他人房屋应获得原出租人的同意，否则转租本身也是违法行为。

59 出租人明知租客是犯罪嫌疑人不报，会面临怎样的处罚？

遇事

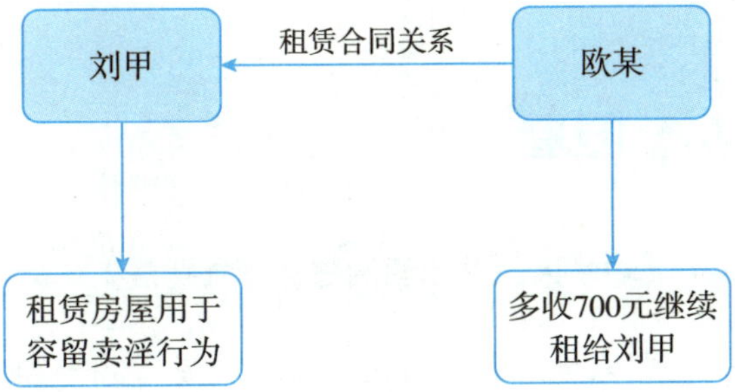

刘甲自2020年6月起开始介绍失足妇女到自己租住的房间内卖淫。欧某系房东，其于2019年11月起将自有房屋租给刘甲的丈夫。2020年7月初，在明知刘甲多次将该房屋用于容留他人卖淫嫖娼的情况下，欧某没有终止与刘甲的租房合约，并每月多收700元房租继续租给刘甲。后刘甲被刑事处罚。欧某的行为违法了吗？将面临怎样的处罚？

说法

本案涉及的违法行为是出租人明知承租人利用出租屋犯罪不报的行为。该行为的处罚规则在2025年《治安管理处罚法》修订时有所变化，具体体现在罚则上，罚款的范围修改为1000元以上3000元以下，情节严重的罚款范围修改为3000元以上5000元以下。

欧某在明知刘甲将该房屋用于卖淫嫖娼的情况下，继续将房屋租给刘甲，其同时构成了两种违法行为：明知承租人利用出租屋犯罪不报行为和容留卖淫行为。在本问题中，主要讨论明知承租人利用出租屋犯罪不报行为。

如果行为人明知承租人利用出租屋犯罪不向公安机关报告的同时，还有下列情形的，那么要对行为人加重处罚：（1）房屋承租人利用出租房屋进行犯罪活动，造成较严重后果的；（2）阻挠他人报告或者在公安机关调查时故意隐瞒的；（3）其他情节严重的情形。

明知承租人利用出租屋犯罪不报的行为人，将面临1000元以上3000元以下罚款的处罚；如果有上述严重情节的，将面临5日以下拘留，可以并处3000元以上5000元以下罚款的处罚。

本案中，欧某的行为违反了《治安管理处罚法》，依法被处以5日拘留，并处3000元罚款的处罚。

找法

《中华人民共和国治安管理处罚法》

第六十八条 房屋出租人将房屋出租给身份不明、拒绝登记身份信息的人的，或者不按规定登记承租人姓名、有效身份证件种类和号码等信息的，处五百元以上一千元以下罚款；情节较轻的，处警告或者五百元以下罚款。

房屋出租人明知承租人利用出租房屋实施犯罪活动，不向公安机关报告的，处一千元以上三千元以下罚款；情节严重的，处五日以下拘留，可以并处三千元以上五千元以下罚款。

《中华人民共和国刑事诉讼法》

第一百一十条 任何单位和个人发现有犯罪事实或者犯罪嫌疑人，有权利也有义务向公安机关、人民检察院或者人民法院报案或者举报。

被害人对侵犯其人身、财产权利的犯罪事实或者犯罪嫌疑人，有权向公安机关、人民检察院或者人民法院报案或者控告。

公安机关、人民检察院或者人民法院对于报案、控告、举报，都应当接受。对于不属于自己管辖的，应当移送主管机关处理，并且通知报案人、控告人、举报人；对于不属于自己管辖而又必须采取紧急措施的，应当先采取紧急措施，然后移送主管机关。

犯罪人向公安机关、人民检察院或者人民法院自首的，适用第三款规定。

《中华人民共和国刑法》

第三百一十条 明知是犯罪的人而为其提供隐藏处所、财物，帮助其逃匿或者作假证明包庇的，处三年以下有期徒刑、拘役或者管制；情节严重的，处三年以上十年以下有期徒刑。

犯前款罪，事前通谋的，以共同犯罪论处。

举一反三

房屋出租人有如下治安责任：（1）不准将房屋出租给无合法有效证件的承租人；（2）与承租人签订租赁合同，承租人是外来暂住人员的，应当带领其到派出所申报暂住户口登记，并办理暂住证；（3）对承租人的姓名、性别、年龄、常住户口所在地、职业或者主要经济来源、服务处所等基本情况进行登记并向公安派出所备案；（4）发现承租人有违法犯罪活动或者有违法犯罪嫌疑的，应当及时报告公安机关；（5）对出租的房屋经常进行安全检查，及时发现和排除安全隐患，保障承租人的居住安全；（6）房屋停止租赁的，应当到派出所办理注销手续；（7）房屋出租单位或者个人委托代理人管理出租房屋的，代理人必须遵守有关规定，承担相应责任。

60 邻居噪声扰民怎么办？

遇事

扫一扫，听案情

说法

本案涉及的违法行为是产生社会生活噪声，干扰他人正常生活、工作、学习的行为。该行为的处罚规则在2025年《治安管理处罚法》修订时有较大变化，主要体现在四个方面：一是扩大了参照法律的范围，将“关于社会生活噪声污染防治的法律规定”修改为“关于社会生活噪声污染防治的法律法规规定”；二是将“制造噪声”修改为“产生社会生活噪声”；三是增设了处罚前提，需经基层群众性自治组织、业主委员会、物业服务人、有关部门依法劝阻、调解和处理未能制止，继续干扰他人正常生活、工作和学习的行为；四是扩大了可处罚噪声的影响范围，从“干扰他人正常生活”修改为“干扰他人正常生活、工作和学习”；五是修改了罚则；六是增加了情节严重的处罚规定。

行为人制造社会生活噪声干扰他人正常生活的，会面临5日以下拘留或者1000元以下罚款的处罚，如果情节严重，将面临5日以上10日以下拘留，可以并处1000元以下罚款的处罚。

本案中，张三在家中聚会发出巨大声响的行为影响了邻居，在物业上门后仍不改正。公安机关最终依法对张三作出罚款500元的处罚。

找法

《中华人民共和国治安管理处罚法》

第八十八条 违反关于社会生活噪声污染防治的法律法规规定，产生社会生活噪声，经基层群众性自治组织、业主委员会、物业服务人、有关部门依法劝阻、调解和处理未能制止，继续干扰他人正常生活、工作和学习的，处五日以下拘留或者一千元以下罚款；情节严重的，处五日以上十日以下拘留，可以并处一千元以下罚款。

《中华人民共和国噪声污染防治法》

第五十九条 本法所称社会生活噪声，是指人为活动产生的除工业噪声、建筑施工噪声和交通运输噪声之外的干扰周围生活环境的声音。

第八十七条 违反本法规定，产生社会生活噪声，经劝阻、调解和处理未能制止，持续干扰他人正常生活、工作和学习，或者有其他扰乱公共秩序、妨害社会管理等违反治安管理行为的，由公安机关依法给予治安管理处罚。

违反本法规定，构成犯罪的，依法追究刑事责任。

举一反三

相隔咫尺的邻居，是除了家人以外，彼此物理距离最近的人，也是最容易相互影响的人。在噪声扰民案件中，最容易影响的就是邻里之间的关系了。本案中，张三为了庆祝自己的乔迁之喜，制造了过大的噪声，影响隔壁邻居的休息，这不仅是道德范畴的问题，更是法律问题。

61 回收报废机动车不按规定登记违法吗？

遇事

2024年4月18日，阳光公司回收报废张三的机动车时，阳光公司未按要求登记机动车型号、号牌号码、车辆识别代号、发动机号等信息。阳光公司的行为违法吗？

说法

本案涉及的违法行为是经营者违反规定不登记信息的行为。该行为的处罚规则是2025年《治安管理处罚法》修订时新增的内容。

经营者违反规定不登记信息的行为是指娱乐场所和公章刻制、机动车修理、报废机动车回收行业经营者违反法律法规关于要求登记信息的规定，不登记信息的行为。实施违反规定不登记信息的行为的经营者，将面临警告处罚。如果拒不改正或者造成后果的，其直接负责的主管人员和其他直接责任人员将面临5日以下拘留或者3000元以下罚款的处罚。

回收报废机动车需要登记以下信息：（1）报废机动车车主名称或姓名、送车人姓名、居民身份证号码；（2）按照公安交通管理部门出具的机动车报废证明登记报废车车牌号码、车型、发动机号码、车架号码、车身颜色；（3）收车人姓名。

本案中，阳光公司回收报废张三的机动车时，未按要求登记机动车型号、号牌号码、车辆识别代号、发动机号等信息，属于经营者违反规定不登记信息的行为。公安机关最终依法对阳光公司作出警告处罚。

找法

《中华人民共和国治安管理处罚法》

第六十九条 娱乐场所和公章刻制、机动车修理、报废机动车回收行业经营者违反法律法规关于要求登记信息的规定，不登记信息的，处警告；拒不改正或者造成后果的，对其直接负责的主管人员和其他直接责任人员处五日以下拘留或者三千元以下罚款。

《报废机动车回收管理办法实施细则》

第十八条 回收拆解企业在回收报废机动车时，应当核验机动车所有人有效身份证件，逐车登记机动车型号、号牌号码、车辆识别代号、发动机号等信息，并收回下列证牌：

（一）机动车登记证书原件；

（二）机动车行驶证原件；

（三）机动车号牌。

回收拆解企业应当核对报废机动车的车辆型号、号牌号码、车辆识别代号、发动机号等实车信息是否与机动车登记证书、机动车行驶证记载的信息一致。

无法提供本条第一款所列三项证牌中任意一项的，应当由机动车所有人出具书面情况说明，并对其真实性负责。

机动车所有人为自然人且委托他人代办的，还需提供受委托人有效证件及授权委托书；机动车所有人为机关、企业、事业单位、社会团体等的，需提供加盖单位公章的营业执照复印件、统一社会信用代码证书复印件或者社会团体法人登记证书复印件以及单位授权委托书、经办人身份证件。

举一反三

修理机动车时，机动车修理企业和个体工商户承修机动车应如实登记下列项目：（1）按照机动车行驶证项目登记送修车辆的号牌、车型、发动机号码、车架号码、厂牌型号、车身颜色；（2）车主名称或姓名、送修人姓名和居民身份证号码或驾驶证号码；（3）修理项目（事故车辆应详细登记修理部位）；（4）送修时间、收车人姓名。

62 非法安装“针孔摄像机”会面临怎样的处罚？

遇事

2024年10月13日，张三将网上购买的一台“针孔摄像机”安装在了阳光服装店的试衣间。张三从试衣间出来后，阳光服装店的销售人员李四见张三形迹可疑，于是在试衣间查看。李四发现了张三安装的针孔摄像机并报警。张三会面临怎样的处罚吗？

说法

本案涉及的违法行为是非法安装、使用、提供窃听、窃照专用器材的行为。该行为的处罚规则是2025年《治安管理处罚法》修订时新增的内容。

实施非法安装、使用、提供窃听、窃照专用器材行为的行为人，将面临5日以下拘留或者1000元以上3000元以下罚款的处罚，如果情节较重的，将面临5日以上10日以下拘留，并处3000元以上5000元以下罚款的处罚。

本案中，张三在阳光服装店非法安装“针孔摄像机”的行为，属于非法安装、使用、提供窃听、窃照专用器材的行为。公安机关最终依法对张三作出拘留5日的处罚。

找法

《中华人民共和国治安管理处罚法》

第七十条 非法安装、使用、提供窃听、窃照专用器材的，处五日以下拘留或者一千元以上三千元以下罚款；情节较重的，处五日以上十日以下拘留，并处三千元以上五千元以下罚款。

《中华人民共和国刑法》

第二百八十四条 非法使用窃听、窃照专用器材，造成严重后果的，处二年以下有期徒刑、拘役或者管制。

举一反三

窃听专用器材，是指以伪装或者隐蔽方式使用，经公安机关依法进行技术检测后作出认定性结论，有以下情形之一的：（1）具有无线发射、接收语音信号功能的发射、接收器材；（2）微型语音信号拾取或者录制设备；（3）能够获取无线通信信息的电子接收器材；（4）利用搭接、感应等方式获取通讯线路信息的器材；（5）利用固体传声、光纤、微波、激光、红外线等技术获取语音信息的器材；（6）可遥控语音接收器件或者电子设备中的语音接收功能，获取相关语音信息，且无明显提示的器材（含软件）；（7）其他具有窃听功能的器材。

窃照专用器材，是指以伪装或者隐蔽方式使用，经公安机关依法进行技术检测后作出认定性结论，有以下情形之一的：（1）具有无线发射功能的照相、摄像器材；（2）微型针孔式摄像装置以及使用微型针孔式摄像装置的照相、摄像器材；（3）取消正常取景器和回放显示器的微小相机和摄像机；（4）利用搭接、感应等方式获取图像信息的器材；（5）可遥控照相、摄像器件或者电子设备中的照相、摄像功能，获取相关图像信息，且无明显提示的器材（含软件）；（6）其他具有窃照功能的器材。

63 对违法典当行为会面临怎样的处罚？

遇事

张三是阳光典当行的工作人员。2024年5月15日，有人来典当黄金饰品，典当过程中，张三未查验黄金饰品的来源证明，且未履行登记手续。而后张三承接黄金饰品典当未履行登记手续的情况在后续例行检查中被发现。张三的行为违法吗？

说法

本案涉及的违法行为是违法承接典当物品的行为。该行为的处罚规则在2025年《治安管理处罚法》修订时有所变化，具体体现在罚则上，罚款范围修改为“一千元以上三千元以下”。

典当，是指当户将其动产、财产权利作为当物质押或者将其房地产作为当物抵押给典当行，交付一定比例费用，取得当金，并在约定期限内支付当金利息、偿还当金、赎回当物的行为。为了保障双方的权益，在典当时，典当行工作人员应查验物品相关证明，并履行登记手续。在本案中，张三并没有完成其作为典当行工作人员的登记义务，其行为构成违法承接典当物品的行为。违法承接典当物品的行为是指典当业工作人员承接典当物品，不查验有关证明、不履行登记手续的行为。行为人违法承接典当物品时，同时存在下列情形，要加重处罚：（1）违法承接典当物品较多的；（2）违法承接典当物品价值较大的；（3）其他情节严重的情形。违法承接典当物品的行为人，将面临1000元以上3000元以下罚款的处罚；如果有上述加重情节的，则将面临5日以上10日以下拘留，并处1000元以上3000元以下罚款的处罚。

本案中，张三在典当过程中未查验黄金饰品的来源证明，且未履行登记手续，属于违法承接典当物品的行为。公安机关最终依法对其作出罚款1000

元的处罚。

找法

《中华人民共和国治安管理处罚法》

第七十一条 有下列行为之一的，处一千元以上三千元以下罚款；情节严重的，处五日以上十日以下拘留，并处一千元以上三千元以下罚款：

（一）典当业工作人员承接典当的物品，不查验有关证明、不履行登记手续的，或者违反国家规定对明知是违法犯罪嫌疑人、赃物而不向公安机关报告的；

（二）违反国家规定，收购铁路、油田、供电、电信、矿山、水利、测量和城市公用设施等废旧专用器材的；

（三）收购公安机关通报寻查的赃物或者有赃物嫌疑的物品的；

（四）收购国家禁止收购的其他物品的。

《典当管理办法》

第二十七条 典当行不得收当下列财物：

（一）依法被查封、扣押或者已经被采取其他保全措施的财产；

（二）赃物和来源不明的物品；

（三）易燃、易爆、剧毒、放射性物品及其容器；

（四）管制刀具，枪支、弹药，军、警用标志、制式服装和器械；

（五）国家机关公文、印章及其管理的财物；

（六）国家机关核发的除物权证书以外的证照及有效身份证件；

（七）当户没有所有权或者未能依法取得处分权的财产；

（八）法律、法规及国家有关规定禁止流通的自然资源或者其他财物。

第三十五条 办理出当与赎当，当户均应当出具本人的有效身份证件。当户为单位的，经办人员应当出具单位证明和经办人的有效身份证件；委托典当中，被委托人应当出具典当委托书、本人和委托人的有效身份证件。

除前款所列证件外，出当时，当户应当如实向典当行提供当物的来源及相关证明材料。赎当时，当户应当出示当票。

典当行应当查验当户出具的本条第二款所列证明文件。

第六十五条 典当行违反本办法第三十五条第三款或者第五十一条规定的，由县级以上人民政府公安机关责令改正，并处200元以上1000元以下罚款。

举一反三

根据《典当管理办法》第65条的规定，典当行违法承接典当物品的，由县级以上公安机关责令改正，并处200元以上1000元以下的罚款。这一条与《治安管理处罚法》第71条的规定形成法条冲突。《治安管理处罚法》是由全国人民代表大会常务委员会制定通过的，而《典当管理办法》是由商务部与公安部联合发布的，《治安管理处罚法》属于《典当管理办法》的上位法，在下位法与上位法冲突时，应按照上位法优于下位法的原则，按《治安管理处罚法》第71条执行。

64 可以将行政执法机构依法查封的财物偷偷变卖吗？

遇事

2022年3月3日，A市市场监管局执法人员在对A市第六商贸有限公司进行现场检查时发现，该公司冷冻库内存放的鱿鱼须、羊肚、鱼皮、鲜鸭血、鱿鱼花等产品外包装无任何标识，且当事人在现场无法提供供货商资质和产品检验检测报告，执法人员对现场1168.95kg产品依法进行查封，并对鲜鸭血现场抽样。

在该局调查过程中，该公司法定代表人擅自解除封条，将除鲜鸭血之外的其他查封产品进行销售。经该局执法人员现场核实，发现查封该公司冻库内产品的封条有人为拆封痕迹，其中273.3kg查封物品已被销售。

A市市场监管局将该公司擅自变卖查封产品一案移送至公安机关处理，A市第六商贸有限公司法定代表人被公安机关依法行政拘留。A市市场监管局也对该公司违反《食品安全法》相关规定的行为作出行政处罚。

说法

本案涉及的违法行为是隐藏、转移、变卖、擅自使用、损毁依法扣押、查封、冻结、扣留、先行登记保存的财物的行为。该行为的处罚规则在2025年《治安管理处罚法》修订时有较大变化，主要体现在以下四个方面：一是在客观方面中增加了“擅自使用”行为；二是扩大了违法对象的范围，将“扣留、先行登记保存的财物”也纳入其中；三是修改了罚则，将“并处二百元以上五百元以下罚款”修改为“可以并处一千元以下罚款”；四是增加了情节较轻的处理。

隐藏、转移、变卖、擅自使用、损毁依法扣押、查封、冻结、扣留、先行登记保存的财物的行为人，将面临5日以上10日以下拘留，可以并处1000元以下罚款的处罚，如果情节较轻的，将面临警告或者1000元以下罚款的处罚。

本案中，A市第六商贸有限公司法定代表人擅自解除封条，变卖已被行政执法机关查封物品的行为，已经违反了《治安管理处罚法》，属于变卖依法查封的财物的行为。公安机关依法对A市第六商贸有限公司法定代表人给予拘留5日，并处800元罚款处罚。

找法

《中华人民共和国治安管理处罚法》

第十八条 单位违反治安管理的，对其直接负责的主管人员和其他直接责任人员依照本法的规定处罚。其他法律、行政法规对同一行为规定给予单位处罚的，依照其规定处罚。

第七十二条 有下列行为之一的，处五日以上十日以下拘留，可以并处一千元以下罚款；情节较轻的，处警告或者一千元以下罚款：

（一）隐藏、转移、变卖、擅自使用或者损毁行政执法机关依法扣押、查封、冻结、扣留、先行登记保存的财物的；

（二）伪造、隐匿、毁灭证据或者提供虚假证言、谎报案情，影响行政执法机关依法办案的；

（三）明知是赃物而窝藏、转移或者代为销售的；

（四）被依法执行管制、剥夺政治权利或者在缓刑、暂予监外执行中的罪犯或者被依法采取刑事强制措施的人，有违反法律、行政法规或者国务院有关部门的监督管理规定的行为的。

《中华人民共和国刑法》

第三百一十四条 隐藏、转移、变卖、故意毁损已被司法机关查封、扣押、冻结的财产，情节严重的，处三年以下有期徒刑、拘役或者罚金。

举一反三

对于行政执法机关查封、扣押、冻结、扣留、先行登记保存财物的行为，一经作出，如果无相反证据，所有机关、组织、个人都应尊重其法律效力。如果当事人对查封、扣押、冻结、扣留、先行登记保存财物的决定不服，可以走合法的救济途径，但不允许当事人自行对抗行政机关行为的公定力。

65 伪造证据会面临怎样的处罚？

遇事

2022年2月7日，A市交通执法局执法人员在阳光宾馆执法检查时，发现张三驾驶车牌号为朝A×××××的大型客车（车属阳光公司）在阳光宾馆停靠下客。张三当场不能出示该车的《道路运输证》，又无法提供其他有效证明。鉴于阳光公司涉嫌使用未取得道路客运经营许可的大型客车，擅自从事道路客运经营的情况，依据《道路运输条例》，A市交通执法局于事发当日扣留了该大型客车。

3月9日，李四作为阳光公司委托代理人来A市交通执法局办理朝A×××××大型客车涉嫌违法事项。其提供了盖有B市旅行社印章、负责人为王五的《车辆租赁合同》及代驾司机为张三的《代驾合同》两份文本材料。经核实，B市旅行社未签订该《车辆租赁合同》，王五也不是B市旅行社的工作人员，也从未委托此人签订任何合同。后A市交通执法局将李四、王五涉嫌伪造证据的线索移交阳光派出所。李四、王五将面临怎样的处罚？

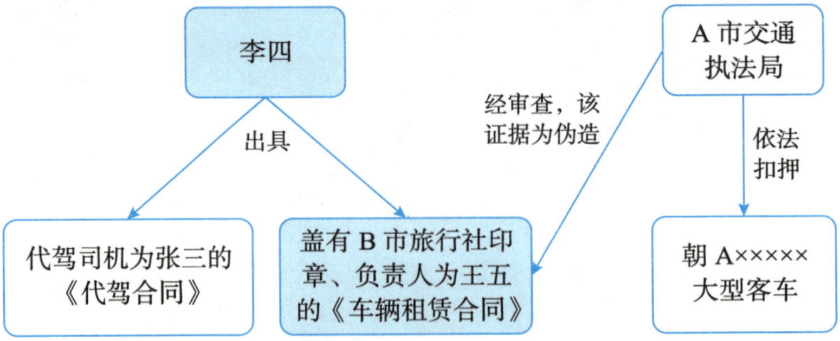

说法

本案涉及的违法行为是伪造、隐匿、毁灭证据的行为。该行为的处罚规则在2025年《治安管理处罚法》修订时有所变化，主要体现在以下两个方面：一是修改了罚则，将“并处二百元以上五百元以下罚款”修改为“可以并处一千元以下罚款”；二是增加了情节较轻的处理。

伪造、隐匿、毁灭证据的行为是指伪造、隐匿、毁灭证据，影响行政执法机关依法办案，尚不够刑事处罚的行为。伪造、隐匿、毁灭证据的行为人，将面临5日以上10日以下拘留，可以并处1000元以下罚款的处罚，如果情节较轻，将面临警告或者1000元以下罚款的处罚。

本案中，李四和王五伪造《车辆租赁合同》《代驾合同》，违反了《治安管理处罚法》，属于伪造证据的行为，公安机关最终依法对李四、王五两人分别作出了拘留10日并处400元罚款的行政处罚。

找法

《中华人民共和国治安管理处罚法》

第七十二条 有下列行为之一的，处五日以上十日以下拘留，可以并处一千元以下罚款；情节较轻的，处警告或者一千元以下罚款：

（一）隐藏、转移、变卖、擅自使用或者损毁行政执法机关依法扣押、查封、冻结、扣留、先行登记保存的财物的；

（二）伪造、隐匿、毁灭证据或者提供虚假证言、谎报案情，影响行政执法机关依法办案的；

（三）明知是赃物而窝藏、转移或者代为销售的；

（四）被依法执行管制、剥夺政治权利或者在缓刑、暂予监外执行中的罪犯或者被依法采取刑事强制措施的人，有违反法律、行政法规或者国务院有关部门的监督管理规定的行为的。

《中华人民共和国刑法》

第三百零五条 在刑事诉讼中，证人、鉴定人、记录人、翻译人对与案件有重要关系的情节，故意作虚假证明、鉴定、记录、翻译，意图陷害他人或者隐匿罪证的，处三年以下有期徒刑或者拘役；情节严重的，处三年以上七年以下有期徒刑。

举一反三

根据《行政处罚法》第46条的规定，行政案件的证据包括：（1）书证；（2）物证；（3）视听资料；（4）电子数据；（5）证人证言；（6）当事人的陈述；（7）鉴定意见；（8）勘验笔录、现场笔录。对上述任何类型的证据进行伪造、隐匿、毁灭的行为，都可能会构成伪造、隐匿、毁灭证据的行为。当事人提供虚假证言的行为，不构成伪造证据，但如果对已经固定的言词证据进行伪造、隐匿、毁灭的，则可能会构成伪造、隐匿、毁灭证据的行为。

66 醉酒开车出了事，找朋友顶包，会面临怎样的处罚？

遇事

2021年7月23日，A市交警大队接报警称：某路段有车辆侧翻，无人员受伤，请求出警处置。接警后，事故处置民警迅速赶往现场进行处置。经民警现场询问发现，该起事故系驾驶人张三驾驶不当发生的单方面事故，随即民警调查了事故发生经过，并登记了驾驶员的信息。随着调查的不断深入，处置民警在该起事故调查处理中发现存在诸多疑点，进一步调查后发现，该肇事小型轿车驾驶人并非张三，而是另有其人。A市交警大队事故民警将此提供虚假证言案移交给当地派出所。派出所民警调查后发现，该肇事小型轿车驾驶人为李四，因其当天为酒后驾车，在发生事故后，担心酒驾车辆无法正常理赔，就通知好兄弟张三来“顶包”。张三的行为违法吗？会面临怎样的处罚？

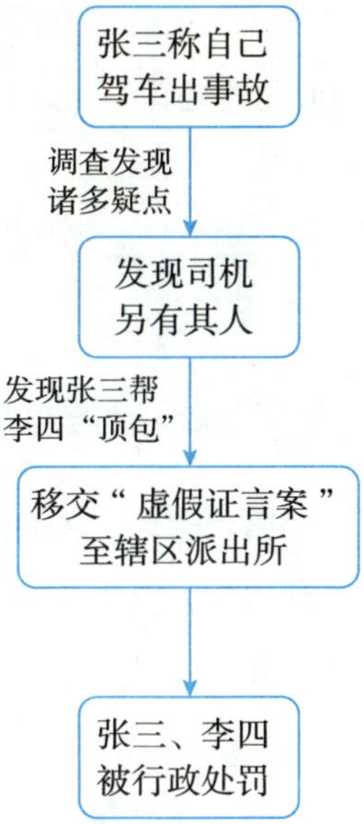

说法

本案涉及的违法行为是提供虚假证言的行为。该行为的处罚规则在2025年《治安管理处罚法》修订时有所变化，主要体现在以下两个方面：一是修改了罚则，将“并处二百元以上五百元以下罚款”修改为“可以并处一千元以下罚款”；二是增加了情节较轻的处理。

提供虚假证言行为是指提供虚假证言，影响行政执法机关依法办案，尚不够刑事处罚的行为；行为主体为一般主体，不仅仅是证人，还包括任何了解案件真实情况的人，如行为人、被侵害人、证人等；主观方面为故意。提供虚假证言的行为人，将面临5日以上10日以下拘留，可以并处1000元以下罚款的处罚，如果情节较轻的，将面临警告或者1000元以下罚款的处罚。

本案中，张三为了兄弟义气，替好友“顶包”，向公安机关提供了其为驾驶员的虚假证言，其行为已经是提供虚假证言的行为。而李四教唆张三为自己提供虚假证言的行为，也应按张三所作出的虚假证言行为比照处罚。最终，张三被给予拘留6日，罚款500元的处罚，而李四被给予拘留8日，罚款500元的处罚。

找法

《中华人民共和国治安管理处罚法》

第十七条 共同违反治安管理的，根据行为人在违反治安管理行为中所起的作用，分别处罚。

教唆、胁迫、诱骗他人违反治安管理的，按照其教唆、胁迫、诱骗的行为处罚。

第七十二条 有下列行为之一的，处五日以上十日以下拘留，可以并处一千元以下罚款；情节较轻的，处警告或者一千元以下罚款：

（一）隐藏、转移、变卖、擅自使用或者损毁行政执法机关依法扣押、查封、冻结、扣留、先行登记保存的财物的；

（二）伪造、隐匿、毁灭证据或者提供虚假证言、谎报案情，影响行政执法机关依法办案的；

（三）明知是赃物而窝藏、转移或者代为销售的；

（四）被依法执行管制、剥夺政治权利或者在缓刑、暂予监外执行中的罪犯或者被依法采取刑事强制措施的人，有违反法律、行政法规或者国务院有关部门的监督管理规定的行为的。

《中华人民共和国刑法》

第三百零六条 在刑事诉讼中，辩护人、诉讼代理人毁灭、伪造证据，帮助当事人毁灭、伪造证据，威胁、引诱证人违背事实改变证言或者作伪证的，处三年以下有期徒刑或者拘役；情节严重的，处三年以上七年以下有期徒刑。

辩护人、诉讼代理人提供、出示、引用的证人证言或者其他证据失实，不是有意伪造的，不属于伪造证据。

举一反三

饮酒后驾驶机动车的，处暂扣6个月机动车驾驶证，并处1000元以上2000元以下罚款。因饮酒后驾驶机动车被处罚，再次饮酒后驾驶机动车的，处10日以下拘留，并处1000元以上2000元以下罚款，吊销机动车驾驶证。

醉酒驾驶机动车的，由公安机关交通管理部门约束至酒醒，吊销机动车驾驶证，依法追究刑事责任，5年内不得重新取得机动车驾驶证。

饮酒后驾驶营运机动车的，处15日拘留，并处5000元罚款，吊销机动车驾驶证，5年内不得重新取得机动车驾驶证。

醉酒驾驶营运机动车的，由公安机关交通管理部门约束至酒醒，吊销机动车驾驶证，依法追究刑事责任；10年内不得重新取得机动车驾驶证，重新取得机动车驾驶证后，不得驾驶营运机动车。

饮酒后或者醉酒驾驶机动车发生重大交通事故，构成犯罪的，依法追究刑事责任，并由公安机关交通管理部门吊销机动车驾驶证，终生不得重新取得机动车驾驶证。

67 销售赃物会面临怎样的处罚？

遇事

张三开了一家报废机动车回收公司。2024年10月，李四找到张三，让其代为销售一辆摩托车，张三明知该摩托车为赃物，仍以400元的价格代为销售。案发后，该车已被追回并发还给失主。经鉴定，该车价值2959元。张三的行为违法吗？将面临怎样的处罚？

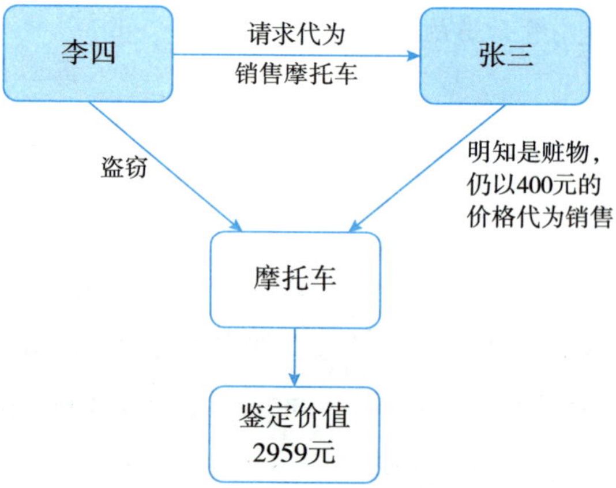

说法

本案涉及的违法行为是窝藏、转移、代销赃物的行为。该行为的处罚规则在2025年《治安管理处罚法》修订时有所变化，主要体现在以下两个方面：一是修改了罚则，将“并处二百元以上五百元以下罚款”修改为“可以并处一千元以下罚款”；二是增加了情节较轻的处理。

窝藏、转移、代销赃物的行为人将面临5日以上10日以下拘留，可以并处1000元以下罚款的处罚，如果情节较轻的，将面临警告或者1000元以下罚款的处罚。

窝藏、转移、代销赃物的行为和《刑法》规定的掩饰、隐瞒犯罪所得、犯罪所得收益罪的主要区别在于以下三点：一是行为对象不同。掩饰、隐瞒犯罪所得、犯罪所得收益罪的对象是刑事犯罪中的赃物及其收益，窝藏、转移、代销赃物的行为的对象不仅包括刑事案件中的赃物，还包括行政案件中的赃物。另外，掩饰、隐瞒犯罪所得、犯罪所得收益罪的对象还包括犯罪所得收益，而窝藏、转移、代销赃物行为的对象是不包括收益的。二是行为方式不同。本行为的行为方式仅包括窝藏、转移、代销这三种，而掩饰、隐瞒犯罪所得、犯罪所得收益罪的行为方式除了这三种之外，还包括收购以及其他方式。三是情节和后果不同。

本案中，张三明知李四提供的摩托车为赃物，仍代为销售，其行为已经构成代销赃物行为，公安机关依法对其作出拘留5日，并处罚款500元处罚。

找法

《中华人民共和国治安管理处罚法》

第七十二条 有下列行为之一的，处五日以上十日以下拘留，可以并处一千元以下罚款；情节较轻的，处警告或者一千元以下罚款：

（一）隐藏、转移、变卖、擅自使用或者损毁行政执法机关依法扣押、查封、冻结、扣留、先行登记保存的财物的；

（二）伪造、隐匿、毁灭证据或者提供虚假证言、谎报案情，影响行政执法机关依法办案的；

（三）明知是赃物而窝藏、转移或者代为销售的；

（四）被依法执行管制、剥夺政治权利或者在缓刑、暂予监外执行中的罪犯或者被依法采取刑事强制措施的人，有违反法律、行政法规或者国务院有关部门的监督管理规定的行为的。

《中华人民共和国刑法》

第三百一十二条 明知是犯罪所得及其产生的收益而予以窝藏、转移、收购、代为销售或者以其他方法掩饰、隐瞒的，处三年以下有期徒刑、拘役或者管制，并处或者单处罚金；情节严重的，处三年以上七年以下有期徒刑，并处罚金。

单位犯前款罪的，对单位判处罚金，并对其直接负责的主管人员和其他直接责任人员，依照前款的规定处罚。

举一反三

本案中的情况是张三在李四盗窃得手后，帮其将偷来的摩托车销赃。如果在李四着手盗窃摩托车之前，张三就和李四商量好，在盗窃得手后帮其销赃的，应当认为他们俩是合谋盗窃，不再将张三帮助销赃的行为认定为代销赃物的行为，而认为李四与张三共同构成盗窃行为。

除了代为销售行为以外，明知是赃物仍窝藏、转移的行为，也会受到法律的严惩。

68 拒不执行公安机关出具的告诫书会面临怎样的处罚？

遇事

张三与王五是夫妻。2024年5月19日，张三在家中与王五发生争执，期间张三打了王五一巴掌。王五报警。由于张三的违法行为较轻，公安机关依法不给予治安管理处罚，并向张三出具禁止家庭暴力告诫书，禁止张三再向王五实施家庭暴力。6月17日，张三与王五再次发生争执，期间张三又打了王五一巴掌。张三会面临怎样的处罚？

说法

本案涉及的违法行为是拒不执行公安机关出具的禁止家庭暴力告诫书的行为。该行为的处罚规则是2025年《治安管理处罚法》修订时新增的内容。

拒不执行公安机关出具的禁止家庭暴力告诫书的行为人将面临警告或者1000元以下罚款的处罚，如果情节较重的，将面临5日以上10日以下拘留，可以并处1000元以下罚款的处罚。

需要注意的是，如果行为人拒不执行公安机关出具的禁止家庭暴力告诫书，同时构成了其他违法行为，如殴打他人，则应按照处罚较重的行为处罚。

本案中，张三在公安机关出具禁止家庭暴力告诫书之后，又对王五实施了家庭暴力。由于其殴打他人的情节轻微，此次行为应按照拒不执行公安机关出具的禁止家庭暴力告诫书处理。公安机关最终依法对张三作出罚款500元的处罚。

找法

《中华人民共和国治安管理处罚法》

第七十三条 有下列行为之一的，处警告或者一千元以下罚款；情节较重的，处五日以上十日以下拘留，可以并处一千元以下罚款：

（一）违反人民法院刑事判决中的禁止令或者职业禁止决定的；

（二）拒不执行公安机关依照《中华人民共和国反家庭暴力法》、《中华人民共和国妇女权益保障法》出具的禁止家庭暴力告诫书、禁止性骚扰告诫书的；

（三）违反监察机关在监察工作中、司法机关在刑事诉讼中依法采取的禁止接触证人、鉴定人、被害人及其近亲属保护措施的。

举一反三

为了保障人民法院刑事判决中的禁止令、职业禁止决定和监察机关、司法机关依法采取的禁止接触证人、鉴定人、被害人及其近亲属的保护措施的执行，2025年《治安管理处罚法》第73条对拒不执行上述禁止令、禁止决定和保护措施的行为同样作出规定，构成拒不执行上述禁止令、禁止决定和保护措施行为的，同样面临警告或者1000元以下罚款的处罚，如果情节较重的，将面临5日以上10日以下拘留，可以并处1000元以下罚款的处罚。

69 在名胜古迹上刻划会被处罚吗?

扫一扫，听案情

遇事

说法

本案涉及的违法行为是故意损坏文物、名胜古迹的行为。该行为的处罚规则在2025年《治安管理处罚法》修订时有所变化，主要体现在罚则上，罚款数额上限修改为500元，情节较重的罚款范围修改为500元以上1000元以下。

故意损坏文物、名胜古迹的行为是指刻划、涂污或者以其他方式故意损坏国家保护的文物、名胜古迹，尚不够刑事处罚的行为。文物，是指人类创造的或者与人类活动有关的，具有历史、艺术、科学价值的下列物质遗存：（1）古文化遗址、古墓葬、古建筑、石窟寺和古石刻、古壁画；（2）与重大历史事件、革命运动或者著名人物有关的以及具有重要纪念意义、教育意义或者史料价值的近代现代重要史迹、实物、代表性建筑；（3）历史上各时代珍贵的艺术品、工艺美术品；（4）历史上各时代重要的文献资料、手稿和图书资料等；（5）反映历史上各时代、各民族社会制度、社会生产、社会生活的代表性实物。文物认定的主体、标准和程序，由国务院规定并公布。具有科学价值的古脊椎动物化石和古人类化石同文物一样受国家保护。

如果行为人在故意损坏文物、名胜古迹的同时，还存在下列情形的，会加重处罚：（1）拒不听从管理人员或者执法人员制止的；（2）造成文物、名胜古迹较重损害后果的；（3）2次以上损坏或者损坏2处以上文物、名胜古迹的；（4）其他情节较重的情形。

实施故意损坏文物、名胜古迹行为的行为人，将面临警告或者500元以下罚款的处罚；有上述较重情节的，将面临5日以上10日以下拘留，并处500元以上1000元以下罚款的处罚。

在文物违法犯罪案件中，往往会涉及鉴定、价值认定的问题。对案件涉及的有关文物、价值认定等专门性问题难以确定的，由司法鉴定机构出具鉴定意见，或者由国务院文物行政部门指定的机构出具报告。对于文物价值，也可以由有关价格认定机构作出价格认证并出具报告。

名胜古迹是我国的文化瑰宝，理应受到所有人的爱护。本案中，张三、李四和王五在名胜古迹上刻划的行为，属于故意损坏名胜古迹的行为，该三人最终被分别给予拘留5日，并处罚款500元的处罚。

找法

《中华人民共和国治安管理处罚法》

第七十五条 有下列行为之一的，处警告或者五百元以下罚款；情节较重的，处五日以上十日以下拘留，并处五百元以上一千元以下罚款：

（一）刻划、涂污或者以其他方式故意损坏国家保护的文物、名胜古迹的；

（二）违反国家规定，在文物保护单位附近进行爆破、钻探、挖掘等活动，危及文物安全的。

《中华人民共和国刑法》

第三百二十四条 故意损毁国家保护的珍贵文物或者被确定为全国重点文物保护单位、省级文物保护单位的文物的，处三年以下有期徒刑或者拘役，并处或者单处罚金；情节严重的，处三年以上十年以下有期徒刑，并处罚金。

故意损毁国家保护的名胜古迹，情节严重的，处五年以下有期徒刑或者拘役，并处或者单处罚金。

过失损毁国家保护的珍贵文物或者被确定为全国重点文物保护单位、省级文物保护单位的文物，造成严重后果的，处三年以下有期徒刑或者拘役。

《中华人民共和国文物保护法》

第八条 一切机关、组织和个人都有依法保护文物的义务。

第九十六条 违反本法规定，损害他人民事权益的，依法承担民事责任；

构成违反治安管理行为的，由公安机关依法给予治安管理处罚；构成犯罪的，依法追究刑事责任。

举一反三

行为人故意损坏文物、名胜古迹的行为特别严重，则有可能构成《刑法》规定的故意损毁文物罪、故意损毁名胜古迹罪。故意损毁国家保护的名胜古迹，涉嫌下列情形之一的，应予立案追诉：（1）造成国家保护的名胜古迹严重损毁的；（2）损毁国家保护的名胜古迹3次以上或者3处以上，尚未造成严重损毁后果的；（3）损毁手段特别恶劣的；（4）其他情节严重的情形。

70 偷开他人机动车违法吗?

遇事

2022年5月18日，阳光公司员工张三发现其公司的共享汽车被人开走。5月19日凌晨4时许，阳光公司的员工根据汽车定位，在阳光路找到被偷开汽车，同时将开车的两名男子拦住，后扭送至派出所。经民警询问，开走共享汽车的李四称，5月18日，其在路上走的时候，发现了阳光公司的共享汽车，李四打开微信扫了共享汽车门上贴的二维码，但是没有操作成功，之后李四尝试拉了一下共享汽车的车门，发现车门没有关好。李四坐上车，尝试启动车辆，没想到车可以开动。于是李四叫上好友王五，从A市开到B市玩，再回到A市，准备还车的时候被阳光公司员工拦住。偷开车的李四、王五将面临怎样的处罚?

说法

本案涉及的违法行为是偷开他人机动车的行为。该行为的处罚规则在2025年修订《治安管理处罚法》时有所变化，主要体现在罚则上，罚款上限修改为“一千元以上二千元以下”，情节较重的罚款范围修改为“可以并处二千元以下罚款”。

偷开他人机动车的行为，如果还存在下列情形，会面临更重的处罚:（1）偷开特种车辆、军车的;（2）偷开机动车从事违法活动的;（3）发生安全事故或者造成机动车损坏、人员受伤的;（4）对他人的工作生活造成较大影响的;（5）其他情节严重的情形。偷开他人机动车的行为人，将面临1000元以上2000元以下罚款的处罚；有上述严重情节的，将面临10日以上15日以下拘留，可以并处2000元以下罚款的处罚。

在本案中，李四对于该共享汽车没有占有的意思，在使用后又归还至原位，因而公安机关处罚了其偷开他人汽车的行为。至于在驾驶该车辆时产生的其他损失，如汽油费、违章罚款，阳光公司可以与行为人李四协商解决，如不能达成一致，可就具体费用问题向法院起诉。

找法

《中华人民共和国治安管理处罚法》

第七十六条 有下列行为之一的，处一千元以上二千元以下罚款；情节严重的，处十日以上十五日以下拘留，可以并处二千元以下罚款：

（一）偷开他人机动车的；

（二）未取得驾驶证驾驶或者偷开他人航空器、机动船舶的。

举一反三

偷开他人机动车的行为和盗窃行为最大的区别是没有“非法占有目的”，如果以非法占有的目的开走他人机动车的，要认定为盗窃行为。

偷开他人机动车，一般不认为是犯罪行为，但是如果有以下特殊情况仍要定罪处罚。偷开他人机动车的，按照下列规定处理：（1）偷开机动车，导致车辆丢失的，以盗窃罪定罪处罚；（2）为盗窃其他财物，偷开机动车作为犯罪工具使用后非法占有车辆，或者将车辆遗弃导致丢失的，被盗车辆的价值计入盗窃数额；（3）为实施其他犯罪，偷开机动车作为犯罪工具使用后非法占有车辆，或者将车辆遗弃导致丢失的，以盗窃罪和其他犯罪数罪并罚；将车辆送回未造成丢失的，按照其所实施的其他犯罪从重处罚。

71 违法在公共场所停放尸体会面临怎样的处罚？

遇事

2024年8月13日19时30分，居民张三及妻子王五带着生病的女儿张小花来到第二人民医院就医。19时34分，张小花被送入抢救室抢救，经抢救无效，于当晚21时宣布死亡。

张小花死亡后，张三与王五强行占据了第二人民医院B0408病房，并将张小花的遗体放入冰柜，长时间留置在病房内，大声吵闹、辱骂医务人员。8月14日15时，第二人民医院工作人员报警，派出所值班民警接警后赶往现场，从15时到20时，在长达5个小时的时间里，派出所民警、第二人民医院工作人员对逝者家属反复劝说，劝张三及王五料理张小花的后事，其他诉求通过正常渠道解决，但张三仍拒绝将尸体移走。在警告无效的情况下，民警依法将占据B0408病房的人员全部带离房间，由第二人民医院和殡仪馆的工作人员将死者遗体运送至殡仪馆。

张三、王五的行为违法吗？会面临怎样的处罚？

说法

本案涉及的违法行为是违法停放尸体的行为。该行为的处罚规则在2025年《治安管理处罚法》修订时有所变化，情节较重的罚款上限修改为2000元。

违法停放尸体的行为是指在公共场所停放尸体或者因停放尸体影响他人正常生活、工作秩序，不听劝阻的行为。行为人违法停放尸体的行为如果还存在以下情形，则会面临更重的处罚：（1）造成交通拥堵、秩序混乱等危害后果的；（2）影响他人正常工作、生活持续时间较长的；（3）造成较大社会影响的；（4）其他情节严重的情形。违法停放尸体的行为人，将面临5日以上10日以下拘留的处罚；有上述严重情节的，将面临10日以上15

日以下拘留，可以并处2000元以下罚款的处罚。

本案中，张三、王五将张小花的遗体停放在公共场所，且不听医院工作人员和民警的劝阻，其行为属于违法停放尸体的行为。张三、王五最终依法被处以5日拘留的处罚。

找法

《中华人民共和国治安管理处罚法》

第七十七条 有下列行为之一的，处五日以上十日以下拘留；情节严重的，处十日以上十五日以下拘留，可以并处二千元以下罚款：

（一）故意破坏、污损他人坟墓或者毁坏、丢弃他人尸骨、骨灰的；

（二）在公共场所停放尸体或者因停放尸体影响他人正常生活、工作秩序，不听劝阻的。

举一反三

为了维护社会秩序，法律还禁止两种违法行为，即破坏、污损坟墓的行为和毁坏、丢弃尸骨、骨灰的行为。

为了维护良好的社会风俗和伦理情感，如果破坏、污损坟墓行为存在下列情形的，会加重处罚：（1）破坏、污损程度较严重的；（2）破坏、污损英雄烈士坟墓或者具有公共教育、纪念意义的坟墓的；（3）引发民族矛盾、宗教矛盾或者群体性事件的；（4）其他情节严重的情形。

同样，毁坏、丢弃尸骨、骨灰行为有下列情形之一的，会被认为属于“情节严重”：（1）毁坏程度较重的；（2）引发民族矛盾、宗教矛盾或者群体性事件的；（3）其他情节严重的情形。

72 卖淫、嫖娼会面临怎样的处罚？

遇事

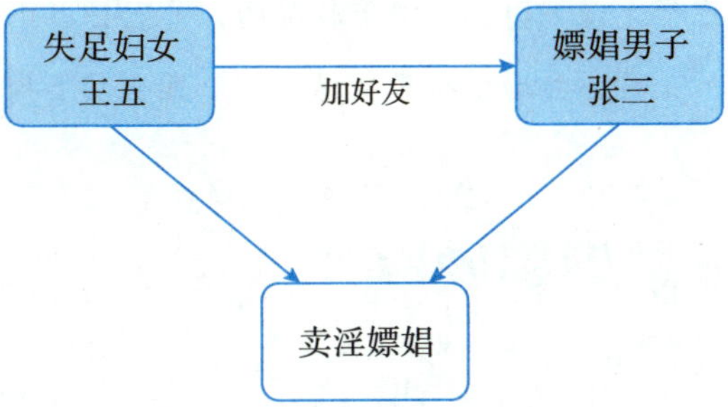

2022年3月14日21时左右，民警在工作中发现阳光小区有人卖淫嫖娼，现场抓获失足妇女王五，嫖娼男子张三。经查，两人通过社交软件加为好友，谈好价格后，约在阳光小区实施卖淫、嫖娼行为，后被民警现场抓获。张三、王五将面临怎样的处罚？

说法

本案涉及的违法行为是卖淫、嫖娼行为。该行为的处罚规则在2025年《治安管理处罚法》修订时有所变化，情节较轻的罚款上限修改为1000元。

卖淫、嫖娼行为侵犯的客体是社会管理秩序和良好的社会风尚，客观方面表现为不特定的异性之间或同性之间以金钱、财物为媒介发生性关系的行为。卖淫、嫖娼行为，存在下列情形之一的，可以减轻处罚：（1）已经谈妥价格或者给付金钱等财物，尚未实施性行为的；（2）以手淫等方式卖淫、嫖娼的；（3）其他情节较轻的情形。实施卖淫、嫖娼行为的行为人，将面临10日以上15日以下拘留，可以并处5000元以下罚款的处罚；有上述较轻情节的，将面临5日以下拘留或者1000元以下罚款的处罚。

卖淫、嫖娼是违反道德，破坏社会秩序的行为，更是违法的行为。本案中，张三与王五通过手机牵线联系，在约定好价格和地点后，实施了卖淫、嫖娼的行为。张三、王五最终被公安机关处以拘留10日的处罚。

找法

《中华人民共和国治安管理处罚法》

第七十八条 卖淫、嫖娼的，处十日以上十五日以下拘留，可以并处五千元以下罚款；情节较轻的，处五日以下拘留或者一千元以下罚款。

在公共场所拉客招嫖的，处五日以下拘留或者一千元以下罚款。

举一反三

行为主体之间主观上已经就卖淫、嫖娼达成一致，已经谈好价格或者已经给付金钱、财物，并且已经着手实施，但由于其本人主观意志以外的原因，尚未发生性关系的；或者已经发生性关系，但尚未给付金钱、财物的，都可以按卖淫、嫖娼行为依法处理。对前一种行为，应当从轻处罚。

73 传播淫秽图片违法吗?

遇事

2022年3月25日，阳光村村民张三使用手机通过微信在人数为近百人的微信群中共计发送数十张淫秽图片，涉嫌传播淫秽信息。执法人员依法对其进行传唤，张三如实交代违法事实。张三将面临怎样的处罚?

说法

本案涉及的违法行为是传播淫秽信息的行为。该行为的处罚规则在2025年《治安管理处罚法》修订时有所变化，主要体现在两个方面：一是在罚则上，罚款上限修改为5000元，情节较轻的罚款范围修改为1000元以上3000元以下；二是加大了对未成年人的保护，规定淫秽物品或者淫秽信息中涉及未成年人的，从重处罚。

传播淫秽信息的行为侵犯的客体是社会管理秩序和良好的社会风尚，客观方面表现为利用计算机信息网络、电话以及其他通讯工具传播淫秽信息，尚不够刑事处罚的行为。传播淫秽信息的行为没有牟利的要求，不论是否有牟利目的，都可构成传播淫秽信息的行为。如果传播淫秽信息的行为存在下列情形的，可以减轻处罚:（1）制作、复制、出售、运输、出租淫秽书刊、图片、影片、音像制品，传播淫秽信息数量、获利较少的;（2）传播范围较小，且影响较小的;（3）其他情节较轻的情形。传播淫秽信息的行为人，将面临10日以上15日以下拘留，可以并处5000元以下罚款的处罚;有上述较轻情节的，处5日以下拘留或者1000元以上3000元以下罚款的处罚。

本案中，张三使用手机在人数近百人的微信群中，发送数十张淫秽图片的行为属于传播淫秽信息的行为，公安机关最终依法对其行政处罚。

找法

《中华人民共和国治安管理处罚法》

第八十条 制作、运输、复制、出售、出租淫秽的书刊、图片、影片、音像制品等淫秽物品或者利用信息网络、电话以及其他通讯工具传播淫秽信息的，处十日以上十五日以下拘留，可以并处五千元以下罚款；情节较轻的，处五日以下拘留或者一千元以上三千元以下罚款。

前款规定的淫秽物品或者淫秽信息中涉及未成年人的，从重处罚。

《中华人民共和国刑法》

第三百六十四条 传播淫秽的书刊、影片、音像、图片或者其他淫秽物品，情节严重的，处二年以下有期徒刑、拘役或者管制。

组织播放淫秽的电影、录像等音像制品的，处三年以下有期徒刑、拘役或者管制，并处罚金；情节严重的，处三年以上十年以下有期徒刑，并处罚金。

制作、复制淫秽的电影、录像等音像制品组织播放的，依照第二款的规定从重处罚。

向不满十八周岁的未成年人传播淫秽物品的，从重处罚。

举一反三

传播淫秽信息的行为与《刑法》规定的传播淫秽物品罪的区别是什么？

两者的区别主要有以下几点：一是行为对象不同。传播淫秽信息的行为对象仅限于传播淫秽信息，而传播淫秽物品罪的行为对象不仅包括淫秽信息，还包括各种淫秽物品。二是行为方式不同。传播淫秽信息的行为方式仅限于利用计算机信息网络、电话以及其他通讯工具传播淫秽信息，而传播淫秽物品罪的行为方式不限于此。三是情节严重程度不同。传播淫秽的书刊、影片、音像、图片或者其他淫秽物品，涉嫌下列情形之一的，应予立案追诉：（1）向他人传播300至600人次以上的；（2）造成恶劣社会影响的。不以牟利为目的，利用互联网、移动通讯终端传播淫秽电子信息，如果数量巨大的或者造成严重后果的，应予立案追诉。利用聊天室、论坛、即时通信软件、电子邮件等方式实施前述行为的，应予立案追诉。利用互联网、移动通讯终端传播内容含有不满14周岁未成年人的淫秽电子信息，具有数量巨大的或者造成严重后果的情形的，以传播淫秽物品罪定罪处罚。

74 组织淫秽表演会面临怎样的处罚？

遇事

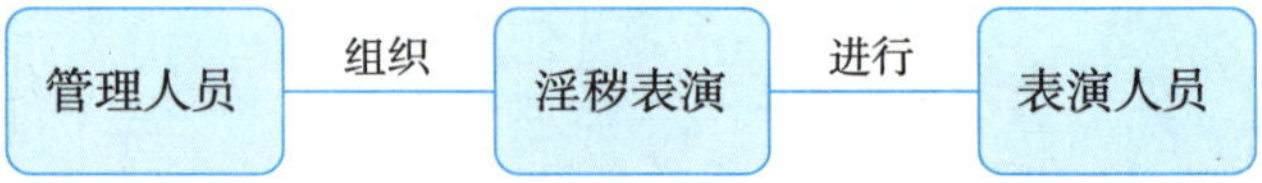

A区公安分局在工作中获悉，阳光公园附近某酒吧存在组织淫秽表演的行为，让穿着暴露衣服的女性在酒吧吸引群众点舞消费，通过与男性客人亲密接触，以挑逗性的模拟性行为的动作、淫秽的舞蹈诱惑客人消费，严重败坏社会风气，损害群众的身心健康，社会影响恶劣。

为此，A区公安分局于2021年12月23日晚，组织多名警力对该酒吧依法查处，在现场抓获组织淫秽表演的管理者1人、正在进行淫秽表演的违法人员4人。

现场抓获组织淫秽表演的管理者、正在进行淫秽表演的人员将面临怎样的处罚？

说法

本案涉及的违法行为是组织淫秽表演的行为和进行淫秽表演的行为。该行为的处罚规则在2025年《治安管理处罚法》修订时有所变化，主要体现在两个方面：一是在罚则上，罚款范围修改为“一千元以上二千元以下”；二是加大了对未成年人的保护，规定“组织未成年人从事第一款活动的，从重处罚”。

淫秽表演破坏了社会的良好风尚，触碰了群众的道德底线，是必须予以严厉打击的违法犯罪行为。组织淫秽表演的行为或进行淫秽表演的行为人，将面临10日以上15日以下拘留，并处1000元以上2000元以下罚款的处罚。

本案中，组织淫秽表演的管理者构成组织淫秽表演的行为，正在进行淫秽表演的人员构成进行淫秽表演的行为，公安机关最终依法对违法行为人作出了拘留10日，并处罚款1000元的处罚。

找法

《中华人民共和国治安管理处罚法》

第八十一条 有下列行为之一的，处十日以上十五日以下拘留，并处一千元以上二千元以下罚款：

（一）组织播放淫秽音像的；

（二）组织或者进行淫秽表演的；

（三）参与聚众淫乱活动的。

明知他人从事前款活动，为其提供条件的，依照前款的规定处罚。

组织未成年人从事第一款活动的，从重处罚。

《中华人民共和国刑法》

第三百六十五条 组织进行淫秽表演的，处三年以下有期徒刑、拘役或者管制，并处罚金；情节严重的，处三年以上十年以下有期徒刑，并处罚金。

举一反三

组织淫秽表演的行为是否可能构成《刑法》规定的组织淫秽表演罪呢？

答案是肯定的。以策划、招募、强迫、雇佣、引诱、提供场地、提供资金等手段，组织进行淫秽表演，涉嫌下列情形之一的，应予立案追诉：（1）组织表演者进行裸体表演的；（2）组织表演者利用性器官进行淫秽表演的；（3）组织表演者半裸体或者变相裸体表演并通过语言、动作具体描绘性行为的；（4）其他组织进行淫秽表演应予追究刑事责任的情形。

75 为赌博提供条件会面临怎样的处罚？

遇事

2024年8月13日，派出所民警在工作中发现李四等四人（已另案处理）在张三开设的棋牌室进行麻将赌博。经询问，张三对明知李四等四人利用棋牌室进行麻将赌博，仍为其提供场地，并从赌资中抽头的事实供认不讳。张三的行为违法吗？会面临怎样的处罚？

说法

本案涉及的违法行为是为赌博提供条件的行为。该行为的处罚规则在2025年《治安管理处罚法》修订时有所变化，主要体现在罚则上，罚款上限修改为1000元，情节严重的罚款范围修改为1000元以上5000元以下。

为赌博提供条件的行为具体表现为以下四种：一是以营利为目的，开设赌场，尚不够刑事处罚的行为；二是不报经国家批准，以擅自发行、销售彩票的方式，为赌博提供条件，尚不够刑事处罚的行为；三是明知他人实施赌博违法犯罪活动，而为其提供资金、场所、交通工具、通讯工具、赌博工具、经营管理、网络接入、服务器托管、网络存储空间、通讯传输通道、费用结算等条件，或者为赌博场所、赌博人员充当保镖，为赌博放哨、通风报信，尚不够刑事处罚的行为；四是明知他人从事赌博活动而向其销售具有赌博功能的游戏机，尚不够刑事处罚的行为。

行为人为赌博提供条件的行为，如果还存在下列情形的，会加重处罚：（1）设置赌博机的数量或者为他人提供场所放置的赌博机数量较多的；（2）在公共场所或者公共交通工具上为赌博提供条件的；（3）通过计算机信息网络平台为赌博提供条件的；（4）为未成年人赌博提供条件的；（5）国家工作人员为赌博提供条件的；（6）明知他人从事赌博活动而向其销售赌博机的；（7）发行、销售“六合彩”等其他私彩的；（8）组织、协助他人出境赌博的；（9）为赌场接送参赌人员、望风看场、发牌做庄、兑换筹码的；（10）其他情节严重的情形。

为赌博提供条件的行为人，将面临5日以下拘留或者1000元以下罚款的处罚；有上述严重情节的，将面临10日以上15日以下拘留，并处1000元以上5000元以下罚款的处罚。

行为人为赌博提供条件的行为，会构成《刑法》规定的开设赌场罪吗？这主要看其行为是否达到刑事立案标准。利用互联网、移动通讯终端等传输赌博视频、数据，组织赌博活动，具有下列情形之一的，属于“开设赌场罪”：（1）建立赌博网站并接受投注的；（2）建立赌博网站并提供给他人组织赌博的；（3）为赌博网站担任代理并接受投注的；（4）参与赌博网站利润分成的。

本案中，张三明知李四等四人利用棋牌室进行麻将赌博，仍为其提供场地，并从赌资中抽头的行为，构成为赌博提供条件的行为，公安机关依法对其处以5日拘留的处罚。

找法

《中华人民共和国治安管理处罚法》

第八十二条 以营利为目的，为赌博提供条件的，或者参与赌博赌资较大的，处五日以下拘留或者一千元以下罚款；情节严重的，处十日以上十五日以下拘留，并处一千元以上五千元以下罚款。

举一反三

是不是所有的棋牌室都有为赌博提供条件的行为呢?

答案是否定的。一般来说，不以营利为目的，进行带有少量财物输赢的娱乐活动，以及棋牌室等娱乐场所只收取正常的场所和服务费用的经营行为，不以赌博论处。本案中，张三的棋牌室不仅收取场所和服务费用，还从赌资中抽头，其行为不能被评价为正常经营行为，属于为赌博提供条件的行为。

76 亲友间一起打麻将算赌博吗？

遇事

2025年2月6日，张三、李四等四人在阳光小区1号楼1101室用麻将牌赌博时，被民警当场抓获，共起获赌资3125元。经查，张三等四人为亲友关系。张三等四人的行为违法吗？

说法

本案涉及的违法行为是赌博行为。该行为的处罚规则在2025年《治安管理处罚法》修订时有所变化，主要体现在罚则上，罚款上限修改为1000元，情节严重的罚款范围修改为1000元以上5000元以下。

如果赌博行为中存在下列情形的，要从重处罚：（1）在工作场所、公共场所或者公共交通工具上赌博的；（2）1年内曾因赌博或者为赌博提供条件受过治安处罚的；（3）国家工作人员赌博或者为赌博提供条件的；（4）引诱、教唆未成年人赌博的；（5）组织、招引中华人民共和国公民赴境外赌博的；（6）利用互联网、移动终端设备等投注赌博的；（7）其他可以依法从重处罚的情形。

但是，如果赌博行为中存在下列情形之一的，可以从轻或者免予处罚：（1）主动交代，表示悔改的；（2）检举、揭发他人赌博或为赌博提供条件的行为，并经查证属实的；（3）被胁迫、诱骗赌博或者为赌博提供条件的；（4）未成年人赌博的；（5）协助查禁赌博活动，有立功表现的；（6）其他可以依法从轻或者免予处罚的情形。对免予处罚的，由公安机关给予批评教育，并责令具结悔过。未成年人有赌博违法行为的，应当责令其父母或者其他监护人严加管教。

实施赌博行为的行为人，将面临5日以下拘留或者1000元以下罚款的处罚；有上述严重情节的，将面临10日以上15日以下拘留，并处1000元以上5000元以下罚款的处罚。

一般来说，不以营利为目的，亲属之间进行带有财物输赢的打麻将、玩扑克的娱乐活动，不予处罚；亲属以外的其他人进行带有少量财物输赢的打麻将、玩扑克的娱乐活动，不予处罚。本案中，张三等四人用麻将牌进行赌博，起获赌资3125元人民币，赌资数额较大，已经超过了娱乐活动的范畴，公安机关依法对参与赌博的四人处以拘留3日的处罚。

找法

《中华人民共和国治安管理处罚法》

第八十二条 以营利为目的，为赌博提供条件的，或者参与赌博赌资较大的，处五日以下拘留或者一千元以下罚款；情节严重的，处十日以上十五日以下拘留，并处一千元以上五千元以下罚款。

举一反三

赌博活动中用作赌注的款物、换取筹码的款物和通过赌博赢取的款物属于赌资。在利用计算机网络进行的赌博活动中，分赌场、下级庄家或者赌博参与者。在组织或者参与赌博前向赌博组织者、上级庄家或者赌博公司交付的押金，应当视为赌资。赌博现场没有赌资，而是以筹码或者事先约定事后交割等方式代替的，赌资数额经调查属实后予以认定。个人投注的财物数额无法确定时，按照参赌财物的价值总额除以参赌人数的平均值计算。通过计算机网络实施赌博活动的赌资数额，可以按照在计算机网络上投注或者赢取的总点数乘以每个点数实际代表的金额认定。赌博的次数，可以按照在计算机网络上投注的总次数认定。

77 偷偷种罂粟会有什么后果？

遇事

张三为止病痛，于2021年12月在A县阳光镇阳光村自家自留地上种植罂粟。2022年4月19日，A县阳光镇禁毒办工作人员及阳光镇派出所民警查获张三种植的已开花、结果的罂粟植株。经清点、取样鉴定，张三种植罂粟植株共计395株，送检样品中检出罂粟碱成分。张三的行为违法吗？

说法

本案涉及的违法行为是非法种植毒品原植物的行为。该行为的处罚规则在2025年《治安管理处罚法》修订时有所变化，主要体现在罚则上，罚款上限修改为5000元，情节较轻的罚款上限修改为1000元。

非法种植毒品原植物的行为是指非法种植罂粟不满500株或者其他少量毒品原植物，未在成熟前自行铲除的行为。如果行为人非法种植毒品原植物的行为具有以下情形的，可以从轻处罚：（1）非法种植罂粟不满50株、大麻不满500株的；（2）非法种植罂粟不满20平方米、大麻不满200平方米，尚未出苗的；（3）其他情节较轻的情形。

非法种植毒品原植物的行为人，将面临10日以上15日以下拘留，可以并处5000元以下罚款；有上述较轻情节的，处5日以下拘留或者1000元以下罚款的处罚。

本案中，张三私自种植395株罂粟植株，属于非法种植毒品原植物的行为，公安机关依法对其处以拘留10日，并处2000元罚款的处罚。

找法

《中华人民共和国治安管理处罚法》

第八十三条 有下列行为之一的，处十日以上十五日以下拘留，可以并处五千元以下罚款；情节较轻的，处五日以下拘留或者一千元以下罚款：

（一）非法种植罂粟不满五百株或者其他少量毒品原植物的；

（二）非法买卖、运输、携带、持有少量未经灭活的罂粟等毒品原植物种子或者幼苗的；

（三）非法运输、买卖、储存、使用少量罂粟壳的。

有前款第一项行为，在成熟前自行铲除的，不予处罚。

举一反三

非法种植罂粟、大麻等毒品原植物，涉嫌下列情形之一的，应予立案追诉：（1）非法种植罂粟500株以上的；（2）非法种植大麻5000株以上的；（3）非法种植其他毒品原植物数量较大的；（4）非法种植罂粟200平方米以上、大麻2000平方米以上或者其他毒品原植物面积较大，尚未出苗的；（5）经公安机关处理后又种植的；（6）抗拒铲除的。此处所说的“种植”，是指播种、育苗、移栽、插苗、施肥、灌溉、割取津液或者收取种子等行为。非法种植毒品原植物的株数一般应以实际查获的数量为准。因种植面积较大，难以逐株清点数目的，可以抽样测算每平方米平均株数后按实际种植面积测算出种植总株数。

非法种植罂粟或者其他毒品原植物，在收获前自动铲除的，可以不予立案追诉。

78 吸毒会面临怎样的处罚？

遇事

2020年4月3日，某市A区公安分局民警根据掌握的线索，在A区阳光小区抓获2名吸毒违法嫌疑人张三、李四。经检测，两人结果均呈“冰毒”阳性。根据违法行为人张三所述，落网当日下午，他和李四互通电话，得知彼此均犯毒瘾，便约好到阳光小区里张三的住处使用自制工具冰壶吸食毒品，吸食后将剩余“冰毒”分散藏在房间内不同的角落。张三、李四的行为违法吗？会面临怎样的处罚？

说法

本案涉及的违法行为是吸食毒品的行为。该行为的处罚规则在2025年《治安管理处罚法》修订时有所变化：一是修改了罚则，将罚款上限修改为3000元，情节较轻的罚款上限修改为1000元；二是增加了“吸食、注射毒品的，可以同时责令其六个月至一年以内不得进入娱乐场所、不得擅自接触涉及毒品违法犯罪人员。违反规定的，处五日以下拘留或者一千元以下罚款”的规定。此外，在同一条中还新增了聚众、组织吸食、注射毒品的处理规定。

毒品，是指鸦片、海洛因、甲基苯丙胺（冰毒）、吗啡、大麻、可卡因，以及国家规定管制的其他能够使人形成瘾癖的麻醉药品和精神药品。毒品严重摧毁人的身体健康，消磨人的意志，严重的还会直接引起死亡。同时，由于吸毒会消耗大量资金，一方面会拖垮家庭，造成妻离子散的惨剧；另一方面还会衍生出很多侵犯财产类违法犯罪行为，比如盗窃、抢夺、抢劫等。

吸毒行为侵犯的客体是社会管理秩序，客观方面表现为吸食、注射毒品的行为。吸毒行为人将面临10日以上15日以下拘留，可以并处3000元以下罚款的处罚；情节较轻的，处5日以下拘留或者1000元以下罚款的处罚。

本案中，张三、李四在阳光小区里张三的住处使用自制工具冰壶吸食毒品，已经构成了吸毒行为，公安机关最终依法给予两人拘留15日的处罚。

找法

《中华人民共和国治安管理处罚法》

第八十四条 有下列行为之一的，处十日以上十五日以下拘留，可以并处三千元以下罚款；情节较轻的，处五日以下拘留或者一千元以下罚款：

（一）非法持有鸦片不满二百克、海洛因或者甲基苯丙胺不满十克或者其他少量毒品的；

（二）向他人提供毒品的；

（三）吸食、注射毒品的；

（四）胁迫、欺骗医务人员开具麻醉药品、精神药品的。

聚众、组织吸食、注射毒品的，对首要分子、组织者依照前款的规定从重处罚。

吸食、注射毒品的，可以同时责令其六个月至一年以内不得进入娱乐场所、不得擅自接触涉及毒品违法犯罪人员。违反规定的，处五日以下拘留或者一千元以下罚款。

《中华人民共和国禁毒法》

第六十二条 吸食、注射毒品的，依法给予治安管理处罚。吸毒人员主动到公安机关登记或者到有资质的医疗机构接受戒毒治疗的，不予处罚。

举一反三

在《治安管理处罚法》中，还规定了其他几种毒品违法行为，分别是非法持有毒品行为和提供毒品行为。

如果行为人非法持有毒品的剂量较小，则可以从轻处罚，具体是指：（1）非法持有鸦片不满20克的；（2）非法持有海洛因、甲基苯丙胺不满1克或者其他毒品数量未达到有关刑事立案追诉标准10%的；（3）其他情节较轻的情形。非法持有是指违反法律和国家主管部门的规定，占有、携带、藏有或者以其他方式持有毒品。如果行为人非法持有毒品的数量较多，则有可能构成《刑法》规定的非法持有毒品罪。如果非法持有2种以上毒品，每种毒品均没有达到立案的数量标准，但按法律规定的立案追诉比例折算成海洛因后累计相加达到10克以上的，应予立案追诉。

提供毒品行为是指向他人提供毒品，尚不够刑事处罚的行为。向他人提供毒品后及时收回且未造成危害后果的，或者其他社会危害性不大的情形，可以从轻处罚。提供毒品行为与《刑法》规定的贩卖毒品罪的区别主要在于是否有获利目的。如果行为人无偿向他人提供毒品，其行为应认定为提供毒品行为；如果行为人以获利为目的，向他人提供毒品，则构成贩卖毒品罪。

79 遛狗不牵绳违法吗？

遇事

2024年8月23日，张三在未牵绳的情况下遛狗，导致狗扑倒了路边玩耍的小孩。张三的行为违法吗？

说法

本案涉及的违法行为是未对动物采取安全措施致使动物伤人的行为。该行为的处罚规则是2025年《治安管理处罚法》修订时新增的内容。

未对动物采取安全措施致使动物伤人的行为侵犯的客体是他人的生活秩序和人身权利，客观方面表现为未对动物采取安全措施，致使动物伤害他人行为。未对动物采取安全措施致使动物伤人的行为人，将面临1000元以下罚款的处罚，如果情节较重，将面临5日以上10日以下拘留的处罚。

本案中，张三在未牵绳的情况下遛狗，导致狗扑倒了路边玩耍的小孩，张三的行为构成未对动物采取安全措施致使动物伤人。公安机关最终依法对张三作出罚款1000元的处罚。

找法

《中华人民共和国治安管理处罚法》

第八十九条 饲养动物，干扰他人正常生活的，处警告；警告后不改正的，或者放任动物恐吓他人的，处一千元以下罚款。

违反有关法律、法规、规章规定，出售、饲养烈性犬等危险动物的，处警告；警告后不改正的，或者致使动物伤害他人的，处五日以下拘留或者一千元以下罚款；情节较重的，处五日以上十日以下拘留。

未对动物采取安全措施，致使动物伤害他人的，处一千元以下罚款；情节较重的，处五日以上十日以下拘留。

驱使动物伤害他人的，依照本法第五十一条的规定处罚。

举一反三

生活中，很多人知道饲养动物伤人是由主人负责，但不清楚哪种情况下需要民事赔偿，哪种情况下会受到行政处罚。在此，我们对饲养动物伤人案件作以下划分：已采取安全措施的饲养动物主动伤人、未采取安全措施的饲养动物主动伤人、饲养动物被主人驱使伤人三种情况。在第一种情况下，主人对动物采取了安全措施，则主人不会被行政处罚，对于动物伤人的后果，以被侵害人的过错程度划分主人的赔偿份额，也就是说，这属于民事侵权案件。在第二种情况下，主人因未对动物采取安全措施导致动物伤人，此时主人需承担行政责任，同时也要承担民事赔偿责任。在第三种情况下，此时饲养动物处于主人的支配之下，主人因动物伤人而构成故意伤害行为，在公安机关处罚之后，被侵害人仍可就自己的侵害后果要求动物主人承担赔偿责任。

五

其他违反治安管理行为的处理

80 治安调解的范围是什么？

遇事

2025年6月9日，张三和朋友去阳光饭店吃饭，共消费了212元，张三用现金和微信共支付了112元，饭店收银员李四提醒张三还需支付100元，张三认为收银员李四算的账目不对，拒绝支付，双方因此发生激烈争吵，后动起手来。在争执中，李四用啤酒瓶砸向张三，导致张三前额、左脸受伤，右眼淤青。张三报警后，双方被带到当地派出所，在派出所民警的调解下，张三与李四签订调解协议书，约定李四向张三赔偿医药费5000元，张三不再追究李四的相关法律责任。

说法

本案涉及治安调解。治安调解在2025年《治安管理处罚法》修订时有所变化。对于因民间纠纷引起的打架斗殴或者损毁他人财物等违反治安管理的行为，情节较轻的，公安机关可以调解处理。调解处理治安案件，应当查明事实，并遵循合法、公正、自愿、及时的原则，注重教育和疏导，促进化解矛盾纠纷。经公安机关调解，当事人达成协议的，不予处罚。经调解未达成协议或者达成协议后不履行的，公安机关应当依法对违反治安管理的行为作出处理，并告知当事人可以就民事争议依法向人民法院提起民事诉讼。对属于前述调解范围的治安案件，公安机关作出处理决定前，当事人自行和解或者经人民调解委员会调解达成协议并履行，书面申请经公安机关认可的，不予处罚。

若公安机关作出处理决定之前，当事人自行和解，或者经人民调解委员会调解达成协议并履行，当事人书面申请经公安机关认可后，公安机关对当事人不予处罚。

本案中，双方因为民事纠纷引起了打架斗殴，该情况可以适用治安调解。在派出所民警的调解下，张三与李四签订调解协议书，约定李四向张三赔偿医药费5000元，张三不再追究李四的相关法律责任。达成该协议并履行后，公安机关对双方均不予处罚。如果一方反悔，不愿履行该调解协议的，公安机关应该就案件事实对双方行为进行处罚，并告知双方可以就民事争议依法向人民法院提起民事诉讼。

找法

《中华人民共和国治安管理处罚法》

第九条 对于因民间纠纷引起的打架斗殴或者损毁他人财物等违反治安管理行为，情节较轻的，公安机关可以调解处理。

调解处理治安案件，应当查明事实，并遵循合法、公正、自愿、及时的原则，注重教育和疏导，促进化解矛盾纠纷。

经公安机关调解，当事人达成协议的，不予处罚。经调解未达成协议或者达成协议后不履行的，公安机关应当依照本法的规定对违反治安管理行为作出处理，并告知当事人可以就民事争议依法向人民法院提起民事诉讼。

对属于第一款规定的调解范围的治安案件，公安机关作出处理决定前，当事人自行和解或者经人民调解委员会调解达成协议并履行，书面申请经公安机关认可的，不予处罚。

第五十一条 殴打他人的，或者故意伤害他人身体的，处五日以上十日以下拘留，并处五百元以上一千元以下罚款；情节较轻的，处五日以下拘留或者一千元以下罚款。

有下列情形之一的，处十日以上十五日以下拘留，并处一千元以上二千元以下罚款：

（一）结伙殴打、伤害他人的；

（二）殴打、伤害残疾人、孕妇、不满十四周岁的人或者七十周岁以上的人的；

（三）多次殴打、伤害他人或者一次殴打、伤害多人的。

举一反三

发生属于调解范围的治安案件，双方当事人有调解意愿，但难以自行达成和解协议，可以申请人民调解委员会介入调解。经人民调解委员会调解达成调解协议后，双方当事人可以自调解协议生效之日起30日内共同向人民法院申请司法确认，人民法院应当及时对调解协议进行审查，依法确认调解协议的效力。人民法院依法确认调解协议有效，一方当事人拒绝履行或者未全部履行的，对方当事人可以向人民法院申请强制执行。

81 未成年人违法会被处罚吗？

遇事

2025年7月24日，张三（15岁）因盗窃手机被A区公安局抓获，A区公安局于2025年7月25日作出行政处罚决定书，决定因盗窃行为对张三行政拘留5日，不予执行。同时，A区公安局对张三采取了予以训诫的矫治教育措施。2025年8月6日，张三再次因盗窃手机被A区公安局抓获。张三可以被执行行政拘留吗？

说法

本案争议的焦点是未成年人实施治安违法行为的处罚。2025年修订的《治安管理处罚法》在对未成年人实施治安违法行为的处理上有较大改动，规定对已满14周岁不满16周岁以及已满16周岁不满18周岁、初次违反治安管理但情节严重、影响恶劣的，或者已满14周岁不满16周岁、1年内2次以上违反治安管理的，可以依法执行行政拘留。而且，对因不够年龄不予行政处罚，或者不执行拘留的未成年人，公安机关依照《预防未成年人犯罪法》的规定采取相应矫治教育等措施，进一步强调对违法犯罪的未成年人即使不承担刑事责任、行政责任，也应依法采取相应矫治教育等措施。这一修改体现了对未成年人违法案件更加精准贯彻宽严相济、惩教结合的政策。

本案中，张三虽未满16周岁，但是其在1年内2次因盗窃被抓获，已经满足执行行政拘留的条件。A区公安局于2025年8月7日作出行政处罚决定书，决定对张三拘留5日。

找法

《中华人民共和国治安管理处罚法》

第十二条 已满十四周岁不满十八周岁的人违反治安管理的，从轻或者减轻处罚；不满十四周岁的人违反治安管理的，不予处罚，但是应当责令其监护人严加管教。

第二十三条 违反治安管理行为人有下列情形之一，依照本法应当给予行政拘留处罚的，不执行行政拘留处罚：

（一）已满十四周岁不满十六周岁的；

（二）已满十六周岁不满十八周岁，初次违反治安管理的；

（三）七十周岁以上的；

（四）怀孕或者哺乳自己不满一周岁婴儿的。

前款第一项、第二项、第三项规定的行为人违反治安管理情节严重、影响恶劣的，或者第一项、第三项规定的行为人在一年以内二次以上违反治安管理的，不受前款规定的限制。

第二十四条 对依照本法第十二条规定不予处罚或者依照本法第二十三条规定不执行行政拘留处罚的未成年人，公安机关依照《中华人民共和国预防未成年人犯罪法》的规定采取相应矫治教育等措施。

第五十八条 盗窃、诈骗、哄抢、抢夺或者敲诈勒索的，处五日以上十日以下拘留或者二千元以下罚款；情节较重的，处十日以上十五日以下拘留，可以并处三千元以下罚款。

第九十八条第三款 询问不满十八周岁的违反治安管理行为人，应当通知其父母或者其他监护人到场；其父母或者其他监护人不能到场的，也可以通知其他成年亲属，所在学校、单位、居住地基层组织或者未成年人保护组织的代表等合适成年人到场，并将有关情况记录在案。确实无法通知或者通知后未到场的，应当在笔录中注明。

《中华人民共和国预防未成年人犯罪法》

第四十一条 对有严重不良行为的未成年人，公安机关可以根据具体情况，采取以下矫治教育措施：

（一）予以训诫；

（二）责令赔礼道歉、赔偿损失；

（三）责令具结悔过；

（四）责令定期报告活动情况；

（五）责令遵守特定的行为规范，不得实施特定行为、接触特定人员或者进入特定场所；

（六）责令接受心理辅导、行为矫治；

（七）责令参加社会服务活动；

（八）责令接受社会观护，由社会组织、有关机构在适当场所对未成年人进行教育、监督和管束；

（九）其他适当的矫治教育措施。

举一反三

为了更好地保障未成年人的权益，2025年修订的《治安管理处罚法》对执法程序有更人性化的规定，尤其体现在询问违反治安管理的未成年人时，合适成年人在场制度上。人民警察在询问违反治安管理不满18周岁的未成年人时，应当通知其父母或者其他监护人到场；其父母或者其他监护人不能到场的，也可以通知其他成年亲属，所在学校、单位、居住地基层组织或者未成年人保护组织的代表等合适成年人到场，并将有关情况记录在案。确实无法通知或者通知后未到场的，应当在笔录中注明。

82 “喝断片儿”后的违法行为怎么处理？

扫一扫，听案情

遇事

说法

本案争议的焦点是醉酒的人的治安处罚。有些人在醉酒后会因不能正常辨认和控制自己的行为，而做出违法的事情，但是醉酒并不能成为其不为自己的行为承担责任的理由。醉酒的人在清醒状态下是可以控制和辨认自己的行为的，也就是说，其陷入醉酒这种不能控制和辨认自己行为的困境，是自己的选择，因而醉酒的人仍然要为自己在醉酒状态下的违法行为负责。

本案中，张三醉酒后在银行闹事，扰乱银行的正常秩序的行为构成扰乱单位秩序的行为。醉酒的人违法的，应当给予处罚。最终张三被公安机关给予拘留7日的处罚。

找法

《中华人民共和国治安管理处罚法》

第十三条 精神病人、智力残疾人在不能辨认或者不能控制自己行为的时候违反治安管理的，不予处罚，但是应当责令其监护人加强看护管理和治疗。间歇性的精神病人在精神正常的时候违反治安管理的，应当给予处罚。尚未完全丧失辨认或者控制自己行为能力的精神病人、智力残疾人违反治安管理的，应当给予处罚，但是可以从轻或者减轻处罚。

第十五条 醉酒的人违反治安管理的，应当给予处罚。

醉酒的人在醉酒状态中，对本人有危险或者对他人的人身、财产或者公共安全有威胁的，应当对其采取保护性措施约束至酒醒。

举一反三

虽然醉酒的人仍要为自己的行为负责，但是精神病人在不能控制和辨认自己行为的时候造成危害后果，经法定程序鉴定确认的，不用负刑事或者行政责任，但是应当责令其家属或者监护人严加看管和医疗。如其实施暴力行为，危害公共安全或者严重危害公民人身安全，经法定程序鉴定为依法不负刑事责任的精神病人，有继续危害社会可能的，可以予以强制医疗。

对精神病人进行强制医疗的，由人民法院决定。公安机关发现精神病人符合强制医疗条件的，应当写出强制医疗意见书，移送人民检察院。对于公安机关移送的或者在审查起诉过程中发现精神病人符合强制医疗条件的，人民检察院应当向人民法院提出强制医疗的申请。人民法院在审理案件过程中发现被告人符合强制医疗条件的，可以作出强制医疗的决定。对实施暴力行为的精神病人，在人民法院决定强制医疗前，公安机关可以采取临时的保护性约束措施。

83 儿子马上要高考了，我可以申请暂缓执行行政拘留吗？

遇事

2024年5月2日，张三和李四在阳光饭店吃饭，席间，双方起了争执，张三用啤酒瓶砸了李四的头。经鉴定，李四构成轻微伤。2024年6月5日，A市公安局B区分局对张三作出拘留10日，并处罚款1000元的处罚。张三在缴纳罚款后，以儿子张大三马上要参加高考为由，申请暂缓执行行政拘留处罚，并提出自己的妻子王五为担保人。张三的申请会被批准吗？

说法

本案争议的焦点是被处罚人能否申请暂缓执行行政拘留。暂缓执行行政拘留在2025年《治安管理处罚法》修订时有所变化，主要体现在申请的理由上，“遇有参加升学考试、子女出生或者近亲属病危、死亡等情形的”被纳入申请暂缓执行行政拘留的正当理由。

被处罚人申请暂缓执行行政拘留，公安机关认为不致发生社会危险，且被处罚人或者其近亲属提出符合条件的担保人，或者按每日行政拘留200元的标准交纳保证金的，应当作出暂缓执行行政拘留的决定。公安机关经过审查认为暂缓执行行政拘留的担保人符合条件的，由担保人出具保证书，并到公安机关将被担保人领回。行政拘留并处罚款的，罚款不因暂缓执行行政拘留而暂缓执行。

被处罚人具有下列情形之一的，应当作出不暂缓执行行政拘留的决定，并告知申请人：（1）暂缓执行行政拘留后可能逃跑的；（2）有其他违法犯罪嫌疑，正在被调查或者侦查的；（3）不宜暂缓执行行政拘留的其他情形。

在暂缓执行行政拘留期间，被处罚人应当遵守下列规定：（1）未经决定机关批准不得离开所居住的市、县；（2）住址、工作单位和联系方式发生变动的，在24小时以内向决定机关报告；（3）在行政复议和行政诉讼中不得干扰证人作证、伪造证据或者串供；（4）不得逃避、拒绝或者阻碍处罚的执行。

暂缓执行行政拘留的担保人履行了担保义务，但被担保人仍逃避行政拘留处罚执行的，或者被处罚人逃跑后，担保人积极帮助公安机关抓获被处罚人的，可以从轻或者不予行政处罚。

本案中，张三的儿子要参加高考，属于申请暂缓执行行政拘留的正当理由。张三提出的担保人符合条件，公安机关依法作出暂缓执行行政拘留的决定。

找法

《中华人民共和国治安管理处罚法》

第一百二十六条 被处罚人不服行政拘留处罚决定，申请行政复议、提起行政诉讼的，遇有参加升学考试、子女出生或者近亲属病危、死亡等情形的，可以向公安机关提出暂缓执行行政拘留的申请。公安机关认为暂缓执行行政拘留不致发生社会危险的，由被处罚人或者其近亲属提出符合本法第一百二十七条规定条件的担保人，或者按每日行政拘留二百元的标准交纳保证金，行政拘留的处罚决定暂缓执行。

正在被执行行政拘留处罚的人遇有参加升学考试、子女出生或者近亲属病危、死亡等情形，被拘留人或者其近亲属申请出所的，由公安机关依照前款规定执行。被拘留人出所的时间不计入拘留期限。

第一百二十七条 担保人应当符合下列条件：

（一）与本案无牵连；

（二）享有政治权利，人身自由未受到限制；

（三）在当地有常住户口和固定住所；

（四）有能力履行担保义务。

第一百二十八条 担保人应当保证被担保人不逃避行政拘留处罚的执行。

担保人不履行担保义务，致使被担保人逃避行政拘留处罚的执行的，处三千元以下罚款。

《公安机关办理行政案件程序规定》

第二百二十八条 公安机关经过审查认为暂缓执行行政拘留的担保人符合条件的，由担保人出具保证书，并到公安机关将被担保人领回。

举一反三

对于已经进入拘留所执行行政拘留的被处罚人，2025年修订《治安管理处罚法》作了人性化的规定。正在被执行行政拘留处罚的人遇有参加升学考试、子女出生或者近亲属病危、死亡等情形，被拘留人或者其近亲属申请出所的，由公安机关依照暂缓执行行政拘留规定执行。被拘留人出所的时间不计入拘留期限。

84 什么是正当防卫？

遇事

2024年11月22日，李四（年轻男性，身高约1.8米）酒后到张三（中年女性，身高约1.6米）经营的饭店内就餐时遇到朋友，在与其朋友寒暄聊天期间，随手拿起朋友桌上一瓶瓶装啤酒用桌子边沿磕碰啤酒瓶盖。饭店经营者张三怕酒瓶盖子磕坏木制桌面，遂口头制止，引起李四不满。李四先实施摔酒瓶和辱骂等行为，后又猛推张三，双方发生争执直至厮打。其间，张三两次扔出空啤酒瓶进行还击。最终二人均摔倒在地，二人起身后，李四头部受伤流血。经鉴定，李四构成轻微伤。公安机关认定双方构成互殴，分别进行了处罚：以寻衅滋事为由，给予李四拘留6日的行政处罚；以殴打他人违法行为成立为由，给予张三拘留5日，并处罚款200元的行政处罚。张三不服对自己的行政处罚决定，提起行政诉讼。法院审理后认为张三属于正当防卫，撤销了对张三的行政处罚。

说法

本案争议的焦点是张三用啤酒瓶殴打李四致其头部受伤的行为是否构成正当防卫。正当防卫的处罚规则是2025年《治安管理处罚法》修订时新增的内容。

区分防卫行为与相互斗殴要准确判断行为人的主观意图和行为性质。结合本案事实，综合考量以下几个方面：（1）从案发起因来看，李四使用饭店的桌子开啤酒瓶遭到张三制止，而后李四实施摔酒瓶、辱骂等行为，显属酒后惹是生非、情绪失控，明显过错在先。张三对冲突的发生没有预见和准备，利用随手拿到的身边物品进行还击，在冲突中一直处于防御状态。（2）从对冲突升级是否有过错来看，本案从李四突然猛推张三到二人被扶起，在极短时间内，冲突并不是逐渐升级，而是整个过程持续相对激烈。综合本案冲突全部过程，张三对冲突升级并无过错。（3）从是否采用明显不相当的暴力来看，李四在身高、体重、年龄、性别等方面均比张三具有明显优势。当李四猛推打张三时，不法侵害行为已经实施，立足当时处境，张三利用随手拿到的身边物品进行还击，且两次拿起的酒瓶均未碎裂即甩飞，击打明显不具有攻击力，并未采取明显不当的暴力，未超过必要限度。由此，张三的反击行为不能与李四构成相互斗殴行为。

综合考虑本案的起因、主客观因素、对象、限度等条件，张三的反击行为属于为了免受正在进行的违反治安管理行为的侵害而采取的制止违法侵害行为，具有防卫性质，不属于违反治安管理的行为。

找法

《中华人民共和国治安管理处罚法》

第十九条 为了免受正在进行的不法侵害而采取的制止行为，造成损害的，不属于违反治安管理行为，不受处罚；制止行为明显超过必要限度，造成较大损害的，依法给予处罚，但是应当减轻处罚；情节较轻的，不予处罚。

第三十条 有下列行为之一的，处五日以上十日以下拘留或者一千元以下罚款；情节较重的，处十日以上十五日以下拘留，可以并处二千元以下罚款：

（一）结伙斗殴或者随意殴打他人的；

（二）追逐、拦截他人的；

（三）强拿硬要或者任意损毁、占用公私财物的；

（四）其他无故侵扰他人、扰乱社会秩序的寻衅滋事行为。

举一反三

实践中，正当防卫的构成需要满足以下五个条件：一是必须存在现实的不法侵害。即有人正在进行违反治安管理的行为。二是不法侵害必须正在进行。即违反治安管理的行为已经开始，还没有结束。三是防卫人要有防卫意识。即防卫人认识到有人正在进行违反治安管理的行为，并且防卫人的行为是为了阻止违反治安管理的行为继续发生。四是必须针对不法侵害人本人进行防卫。不能以伤害不法侵害人的近亲属的方式，迫使不法侵害人停止违反治安管理的行为。五是防卫不能超过必要限度。防卫行为以能够阻止不法侵害人的行为为限，不能在不法侵害人失去反抗能力后继续殴打不法侵害人。

图书在版编目（CIP）数据

公民常见治安问题一站式法律指引 / 牛祎，覃剑编著. -- 北京 : 中国法治出版社，2025. 8. --（遇事找法 / 张润主编）. -- ISBN 978-7-5216-4131-8

Ⅰ. D922.144

中国国家版本馆CIP数据核字第2025AY4545号

策划编辑：潘环环
责任编辑：潘环环　　封面设计：周黎明

公民常见治安问题一站式法律指引
GONGMIN CHANGJIAN ZHI'AN WENTI YIZHANSHI FALÜ ZHIYIN

主编 / 张　润
编著 / 牛　祎　覃　剑
经销 / 新华书店
印刷 / 三河市紫恒印装有限公司
开本 / 710毫米×1000毫米　16开　　印张 / 16　字数 / 232千
版次 / 2025年8月第1版　　2025年8月第1次印刷

中国法治出版社出版
书号 ISBN 978-7-5216-4131-8　　定价：49.00元

北京市西城区西便门西里甲16号西便门办公区
邮政编码：100053　　传真：010-63141600
网址：http://www.zgfzs.com　　**编辑部电话：010-63141813**
市场营销部电话：010-63141612　　**印务部电话：010-63141606**
（如有印装质量问题，请与本社印务部联系。）